寻找你自己：
大学生自我认同的四个向度

李　钺　著

九州出版社
JIUZHOUPRESS

图书在版编目(CIP)数据

寻找你自己:大学生自我认同的四个向度/李钺著
.--北京:九州出版社,2022.8
ISBN 978-7-5225-1151-1

Ⅰ.①寻… Ⅱ.①李… Ⅲ.①大学生-自我教育-研
究 Ⅳ.①G645.5

中国版本图书馆 CIP 数据核字(2022)第 161227 号

寻找你自己:大学生自我认同的四个向度

作　　者　李　钺　著
责任编辑　曹　环
出版发行　九州出版社
地　　址　北京市西城区阜外大街甲 35 号(100037)
发行电话　(010)68992190/3/5/6
网　　址　www.jiuzhoupress.com
印　　刷　北京市北方华天彩色印刷有限公司
开　　本　787 毫米×1092 毫米　16 开
印　　张　9.25-
字　　数　165 千字
版　　次　2022 年 8 月第 1 版
印　　次　2024 年 1 月第 2 次印刷
书　　号　ISBN 978-7-5225-1151-1
定　　价　68.00 元

前　　言

　　大学生是国家重点培养的人才,担负着实现中华民族伟大复兴的重任,其综合素质的发展,将会影响到未来社会和民族的发展。大学阶段是人生发展中的重要阶段,大学生的自我认同是其心理发展的重要部分,正确的自我认同是促使大学生自我发展、自我进步的内在动力。有效地解决大学生自我认同危机,将能够促进大学生心理健康发展。但目前关于大学生自我认同问题研究的专著较少,为此,笔者特撰写了《寻找你自己——大学生自我认同的四个向度》一书。

　　本书主要是从四个向度重点分析和研究大学生自我认同的基本情况。第一章主要介绍大学生的自我意识及其发展特点、大学生自我意识的完善和调整,引导大学生了解自我、发展自我,树立心理健康发展的自主意识,塑造健康人格。培养与提高大学生自我管理能力应建立在客观、准确认识其自我管理能力现状的基础上,故第二章主要对自我管理与自我管理能力的内涵、外延及其特征进行理论分析,深入系统地探究当代大学生自我管理能力要素的构成,从社会进步、管理变革和人的全面发展的视角阐述提高当代大学生自我管理能力的时代背景及重要意义。同伴关系,尤其是朋友的支持能够帮助大学生更好地认识自我、提升自我,从而获得更完善的自我同一性。因此第三章从大学里人际交往的现状和常见的困扰问题方面,探讨了大学生人际交往的价值,展示了人际交往的基本规律,针对困扰问题展开如何发展成熟的人际关系的探讨。第四章简要介绍了职业目标定位的作用、意义、基本过程和主要内容,以及选择职业目标的理论依据和辅助工具,还介绍了生涯决策的几种关键技术:SWOT 决策模型、CASVE 循环和生涯平衡单,旨在为生涯决策提供清晰的分析思路、规范的操作流程和必要的判断指标。

　　本书构思新颖严谨,文字生动流畅,希望为当代中国大学生真正明确自我、完善、改进自我提供帮助,为全面有效地开展大学生心理健康教育提供一定的借鉴和参考。

　　本书在撰写过程中,参考并借鉴了部分专家学者关于自我认同问题的研究成果和观点,笔者在此表示最诚挚的感谢!另外,由于时间和精力有限,书中难免存在疏漏和不足,恳请各位同行及读者批评指正。

目　　录

第一章　大学生的自我意识与培养 ……………………………… 1
　　第一节　大学生的自我意识及其发展特点 ……………… 3
　　第二节　大学生自我意识的完善 ………………………… 11

第二章　大学生的自我管理能力 ………………………………… 19
　　第一节　自我管理及其特征 ……………………………… 21
　　第二节　自我管理能力及其构成 ………………………… 31
　　第三节　大学生自我管理的重要意义 …………………… 44

第三章　大学生的人际交往 ……………………………………… 55
　　第一节　大学生人际交往有助于自我同一性发展 ……… 57
　　第二节　大学生人际交往的现状 ………………………… 59
　　第三节　建立良好的人际关系 …………………………… 62
　　第四节　人际沟通中的自我发现 ………………………… 70
　　第五节　人际交往过程中的常见问题 …………………… 81

第四章　大学生的目标定位 ……………………………………… 89
　　第一节　目标定位概述 …………………………………… 91
　　第二节　目标定位的理论依据 …………………………… 100
　　第三节　目标定位的辅助工具 …………………………… 108

参考文献 …………………………………………………………… 129

附录 ………………………………………………………………… 131
　　附录1 ……………………………………………………… 133
　　附录2 ……………………………………………………… 137

第一章

大学生的
自我意识与培养

第一节　大学生的自我意识及其发展特点

很多同学也许都有这样的经验，在人生的某个阶段或某些时刻内心充满矛盾困惑，渴望了解真实的自己，渴望找寻人生的发展方向，经常反躬自问：我是谁，从哪里来，要到哪里去……当这些问题困扰我们的时候，应该恭喜自己，这表明我们开始进行关于自我的探索了。自我探索的过程也许充满坎坷、挣扎、痛苦、喜悦、自豪，但在痛并快乐中我们会了解自己、了解外界，并借此学习处理自己和外界的关系。

一、理解自我意识

假设在一个聚会中，想让某人了解我们的真实情况，我们可以告诉他关于自己的20件事，在描述的时候必须以"我"开头，可以包括我们的个性、背景、生理特征、爱好、属于我们的东西、我们亲近的人等。总之，就是任何能够帮助这个人了解我们的真实情况的东西。比如：

我是一个身高一米六的女生，

我今年22岁，

我有很多朋友，

我不喜欢我们班上的某些人，

我对书法有兴趣，

我能控制自己，

我对自己有信心，

我的学习成绩不理想，

我花钱很节俭，

我是一个表面坚强而内心脆弱的人，

……

和多数大学生一样，我们对自己的描述也许会涉及一些显著的个人特征、生活角色、兴趣倾向等。心理学家将上述对自我的描述称为自我意识。

自我意识，简单地说，就是个体对"自我"的意识，或者说是自己对自己的认知。美国心理学家詹姆斯把"我"分解为主体我（I）和客体我（Me）。自我意识实际上是主体我对客体我的意识。上述练习中对自己身高、体重的了解，对自己性格的觉察，对自己人际关系状况的了解等，都是自我意识的具体表现。

自我意识是一个具有多维度、多层次的复杂心理系统。从上述活动中我们可以看到，自我意识可以从多个角度来分析。

（一）生理自我、社会自我和心理自我

从内容上讲，自我意识有三个层面：生理自我、社会自我和心理自我。

生理自我是指个体对自己的生理特征的意识，包括个体对自己的身材、外貌、高矮等方面的意识，如"我是一个身高一米六的女生"。

社会自我是指个体对自己的社会特征的意识，包括个体对自己在各种社会关系中的角色、地位、权利、人际关系等方面的意识。

心理自我就是个体对自己心理特征的意识，包括个体对自己的性格特征、能力、兴趣及行为表现等方面的意识，如"我是一个表面坚强而内心脆弱的人"。

（二）自我认识、自我体验和自我调控

自我意识从形式上讲还可分为自我认识、自我体验和自我调控，这三者分别为自我意识在认识、情感和意志方面的体现。

自我认识主要解决"我是一个什么样的人"的问题，比如有同学观察自己的体形，认为自己很胖；分析自己的品德，认为自己是个诚实的人；分析自己的性格，觉得自己脾气急躁，容易冲动。

自我体验主要涉及"对自己是否满意""是否喜欢自己"这类问题，比如被外界肯定时，会有强烈的自我价值感；成功时，会产生自豪感和对自己的自信。

自我调控主要解决"如何有效地调控自己""如何改变现状，使自己成为一个理想的人"的问题。

这三个方面密切联系，彼此相互影响（见图1—1）。自我体验基于一定的自我认识和自我评价，同时又对自我调控起动机作用。例如，某同学发现自己的朋友很少，不善交际（自我认识）。认识到这一点之后，他产生了较强烈的自卑感（自我体验），这使他时刻提醒自己振作起来，努力调整自己的自卑情绪，积极扩大人际交往范围。因为他积极地进行自我调整，在广泛的交往中，学习了一定的人际沟通技巧，有能力和周围的人建立亲密关系，并能够体验到交往的乐趣，因而对自己充满信心，这也进一步促使他增强了对自我的调整能力。这就是一个完整的自我认识、自我体验、自我调控相互作用的循环过程，我们用图1—1来表示。

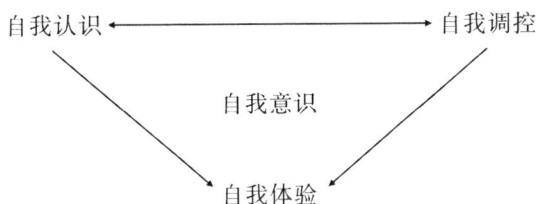

自我认识　←————————————→　自我调控

自我意识

自我体验

图1—1　自我认识、自我体验和自我调控的相互作用

（三）现实自我、投射自我和理想自我

在成长的过程中，我们由于受过去经验、家人期待、学校教育的影响，对于自己应该成为怎样的人、假想中自己是怎样的人也会形成一定的看法。这些假定的自我意识又可分为现实自我、投射自我和理想自我，这是自我意识从观念上的分类。

现实自我是个体从自己的立场出发对现实自我的看法，也即对现实的我的认识。如"我认为我是一个善良的人"。

投射自我是个体想象中他人对自己的看法，如想象自己在他人心目中的形象，想象他人对自己的评价，以及由此而产生的自我感。但投射自我和现实自我往往有距离。当距离加大时，我们便感到自己不被别人所理解。例如，"我认为我很善良，这是现实自我，但是我总感觉别人并不这么认为，这是投射自我，这就会让我感觉别人不懂我"。

理想自我是个体从自己的立场出发对将来的我的希望。例如，"我希望今后的我更加健谈、有很多朋友"等。理想自我是个体想要达到的形象，是个人追求的目标。假如理想自我与现实自我差距过大，会给个体带来挫折感。

二、自我意识的作用

我们对自己的评价与个人发展和心理健康究竟有怎样的关系？这是心理学家特别关注的问题。很多时候，我们会认为是外在的人或事阻碍了我们前行的脚步，影响了我们的理想实现的进程和生活幸福感，事实上真正影响我们的恰恰是我们自己。这不仅仅是说我们本身是否足够优秀，更重要的是我们对自我的认识和评价是否客观全面，对自我是否接纳、喜欢，是否清楚自己内心想要的生活，而这些是以健康的自我意识为基础的。

自我意识影响个人发展与心理健康的机制基于这样一个过程：在成长发展过

程中，个体形成自我意识；同时，已经形成的自我意识也影响着个体的生活。自我意识为理解有关我们自身的信息提供了一个参考框架，影响着我们对信息的加工和解释，从而影响着我们的心理健康水平、生活质量乃至幸福感。下面从自我认识、自我体验、自我调控三个方面分述自我意识与个体发展的关系。

（一）自我认识与心理健康

人本主义心理学家罗杰斯提出：心理健康者是那些能认真认识自我，不歪曲自己的知觉来迎合自己愿望的人。通常，我们主观的自我容易高于或低于客观的自我，从而导致自大或自卑。这些自我认识对心理健康是不利的。

自我概念是个体对自我的整体认识。近年来心理学的研究发现，自我概念的性质（积极的或消极的）对个体的心理健康有着重要的影响。

1. 自我概念影响防御机制

防御机制是个人在精神受干扰时用以避开干扰、保持心理平衡的心理机制，最早由心理分析学派的弗洛伊德提出。防御机制常在无意识状态下使用，主要包括：压抑、升华、替代、拒绝、反向形成、理智化等。已有研究发现自我评价低的大学生一般采用投射、被动攻击、幻想、退缩等不成熟的防御机制和制止、回避、理想化等中间型防御机制；而自我评价高的大学生则采用升华、幽默等成熟的防御机制。

2. 自我概念影响生活满意度和幸福感

大学生的自我概念对其生活满意度也会产生影响。积极自我概念者的生活满意度高于消极自我概念者的生活满意度。自我概念积极的大学生往往对问题的看法比较乐观、自信，对生活充满了信心，可以更好地调整自己的不良情绪，体验到更多的积极情感。

（二）自我体验与心理健康

自我体验是自我意识的情感成分。其中自我价值感是自我体验中最重要的情感之一。拥有不同自我价值感的人，在面对同一压力源时，往往会有不同的应对反应，由此引起不同的情感体验，从而影响到心理健康。

1. 自我体验影响压力应对方式

一个人在困难和挫折面前采取什么样的应对方式，会受他自我价值感的影响。高自我价值感的学生多倾向于采取问题解决、求助的应对方式，而低自我价值感的学生倾向于采取回避、幻想、忍耐的应对方式。

2．自我体验可预测未来的生活品质

心理学也有研究证实基于积极自我评价的自我体验可以预测未来的生活品质，而低自我价值感的前景堪忧。如高自我价值感的年轻人在未来较少出现抑郁倾向或行为问题；而低自我价值感的青少年在20多岁时，心理和生理健康状况、经济前景都不太理想。

（三）自我调控与心理健康

自我调控是自我意识的意志成分，指自己对自身行为与思想言语的调节控制过程。心理学研究发现，当个体丧失自我控制感时会影响到情绪健康和生活态度。心理学家塞利格曼（Martin E. P. Seligman）用狗做了一项经典实验。起初把狗关在笼子里，只要蜂音器一响，就对其施以难受的电击，狗因被关在笼子里而逃避不了电击，多次实验后，只要蜂音器一响，在给狗进行电击前，先把笼门打开，此时狗不但不逃，反而是不等电击出现就先倒在地上开始呻吟和颤抖，这就是习得性无助。习得性无助指人在最初的某个情境中获得无助感，在以后的情境中仍不能从这种关系中摆脱出来，从而将无助感扩散到生活中的各个领域。处于习得性无助状态的人，会丧失对自我的控制，在危机来临时不做任何努力和尝试。

三、大学生自我意识的发展特点

心理学研究发现，婴儿早期是没有自我意识的，3岁以前儿童最先发展的主要是生理自我。5岁左右开始，儿童的自我描述渐渐地从生理、行为和其他的外表特征发展为恒定的内在品质——人格特质、价值观和意识形态。青春期的个体在描述自我时会使用更多的心理学词汇，同时更能够看到自我和他人的关系，其社会自我开始发展。

在大学阶段，大学生自我意识的发展更加丰富、成熟，开始探索建立自我同一性。下面是一位大学生的自我成长故事：

刚入大学时，我经历了一个痛苦的适应过程。高中时我的学习成绩一直很好，无论在学校还是班级都觉得自己还不错，至少是班级"焦点"之一。来到大学后，我发现周围同学都很棒，而自己不会唱歌，不会跳舞，各个方面都不占优势。特别是第一次期末考试后更受打击，我的成绩还没有平时不努力的同学好。那个时候我对自己的评价特别低。后来，因为自我迷失导致的精神上的痛苦使我不断地向外求助：阅读了很多心理学、哲学的书籍，向学长、老师求教，也参加了一些社团和社会实践活动，慢慢清楚了这是每个大学生都会经历的一个过程，重要的是要相信自己，一点一点去实践、去努力，了解自己、积累自信、找到方向……

上述这位同学的经历从某种程度上呈现了大学生自我意识的发展历程。从自述中可见，这位大学生自我意识的发展并非一帆风顺，经历了从"旧我"破碎到"新我"重建的过程，这个过程的特点包含以下几个方面。

（一）大学生自我意识发展的年级趋势

不同年级大学生的自我意识是否有普遍的发展规律？有研究发现，大学生自我意识的发展并不是明显地随年级而上升的，而是略呈不均衡状态，基本趋势是一年级自我意识水平最高，四年级次之，二年级第三，三年级最低。大学二年级末三年级初是大学生自我意识发展的"转折年级"。总结起来，大学生自我意识的发展呈现如下特点。

1. 低年级为自我同一性危机期

一年级大学生自我意识水平最高。自我意识水平高，在这里指大学生自我了解、自我反思、自我调整的意识和需求强烈，开始结合自己的心理特征（即我是个怎样的人）思考未来的社会角色和自我定位（社会自我的确立），这可能与大学生进入大学后面临的挑战有关。首先，大学的学习方式发生重大转变，没有家长督促，大学生可能会变得无所适从；其次，大学生将面临更激烈的竞争，他们在中学的优越性也可能会因为优秀的学生聚在一起而发生变化；再次，上了大学并不意味着已经迈向成功，他们可能会因为考入大学这一阶段性目标的实现而变得迷茫。所有的这一切，都需要大学生自己去探索、适应和解决，可能会引发一些矛盾冲突，出现一定程度的同一性危机。在这个阶段，很容易出现上述案例中同学的状态。因此，大一阶段是大学生面临同一性危机较多的阶段。

2. 二、三年级为同一性形成探索的关键期

二、三年级的学生更多地开始思考自己，认识自己，确立自己的发展方向和目标。在王淑兰的研究中，研究人员采访了部分学生和有经验的老师，学生们一致认为大学二年级末三年级初是他们内心矛盾冲突最尖锐、思想斗争最激烈、回顾与展望最多的时期。之所以出现这样的情况，可能与大学生在这个阶段的发展任务有关，二年级末三年级初，大部分学生开始思考未来发展的去向问题，也就

是开始真正面对自我同一性问题。

　　3．四年级为自我同一性考验期

　　经过二、三年级对自我的重新认识和评价之后，大学生在四年级左右逐步完成从"他信"到"自信"的转变，逐渐学习从多个方面（学业、人际关系、能力等）审视、评价自我。但不同的是，进入四年级，大学生又面临着人生中的一个重要转折点。四年级的大学生面临考研、就业的选择，他们从一个新的层面来重新审视和探讨自己，思索自己将要成为什么样的人以及将来在社会中的位置。这些问题都是他们以前没有遇到过的，对他们来讲是一个很大的冲击，也给其自我同一性带来了挑战。

　　（二）自我意识发展的矛盾性

　　虽然不同年级大学生自我意识发展的特点不同，但几乎在每一个年级大学生的自我意识均面临两个不同程度的冲突。一是理想自我与现实自我的冲突。即我应该成为怎样的一个人（理想自我）与我现在怎样（现实自我）的冲突。二是主体我与客体我的冲突。由于这一时期大学生对自我的评价是多变的，因此主体我对客体我的认识不是全面、稳定的，受情境的影响比较大，对自我的态度常常是波动的。

四、自我意识的影响因素

　　（一）亲子关系

　　虽然大学生远离家庭，但与父母形成的亲子关系的性质对大学生自我同一性的形成与发展的影响是根深蒂固的。在大学阶段，亲子关系发生了重要变化，一方面大学生要求独立、自主，脱离对父母的依赖，获得一定程度上的心理分离，另一方面又要维持与父母亲密的情感依恋关系，这两方面是否平衡将影响大学生自我同一性的发展。

　　研究证实，关爱和民主的教养方式与大学生获得健康和恰当的自我认同感有一定关系。

　　（二）大学教育的影响

　　在大学生活期间，大学生可以积极探索各种生活选择，接触各种思想和价值观，学习并实践各种角色，尝试做出选择，在反复试验中决定自己的人生观、价值观以及自己将来的职业，从而形成自我同一性。

阿斯廷（A. W. Astin）的研究发现：师生关系、学校对学生的投入和学生自身的投入是影响大学生自我同一性发展的关键因素。师生关系越好，学校对学生的投入越多，学生对自己的投入越多，自我同一性发展就越好。

（三）其他影响因素

研究者对我国大学生自我价值观的研究发现，学习成绩、特长与社会活动、学生职务与文体活动都是影响大学生自我价值感的重要因素。哈特（Harter）的研究结果表明，体育运动能力是与大学生自我价值感关系最为密切的因素之一。这些研究结果在一定程度上表明现在的大学生不再仅仅停留于学习书本知识，而是更注重生存技能与社会实践能力的培养与发展。

第二节　大学生自我意识的完善

健全的自我意识是心理健康的必要条件。心理健康的四个标准：一是客观的自我认识和积极的自我态度，二是客观的社会知觉和建立适宜的人际关系的能力，三是生活的热情和有效解决问题的能力，四是个性结构具有协调性①。可见良好的自我意识对于人的心理健康是十分重要的。

一、健全的自我意识的标准

自我意识有三个重要的心理成分：自我认识、自我体验和自我调控。健全的自我意识应包含以上三个部分，即有正确的自我认识、良好的自我体验和有效的自我调控能力。

（一）正确的自我认识

自我认识是主观我对客观我的认识和评价，它包含两个部分——自我认识和自我评价。其核心内容是"我是一个什么样的人?""我如何看待我自己?"自我认识是自己对自己的身心特征的认识，自我评价是在这个基础上对自己做出的某种判断。人贵有自知之明，不随意妄自菲薄，也不随便骄傲自大，正确的自我认识是健全自我意识的基础。

（二）良好的自我体验

自我体验是个体对自己怀有的一种情绪体验，也就是主观我对客观我持有的一种态度。情绪体验的内容包括：自我价值感、成功体验和失败体验、自豪感与羞愧感、内疚等。自我体验的核心内容是自我价值感，其核心内容是"我对我自己感觉怎么样?"

自我价值感是个体在关于对自己价值的判断、评价的基础上，形成对自己的态度与情感体验，即自尊、自卑等自我情绪体验。自我价值感是内在的，以自尊需要表现出来。自尊需要是内在的自我价值感的外在表现。

（三）有效的自我调控

自我调控是伴随自我认识、自我体验而产生的各种思想倾向和行为倾向，调

① 江光荣. 心理咨询的理论与实务［M］. 北京：高等教育出版社，2011.

控常常表现于对个体思想和行为的发动、支配、维持和定向，因而又称自我调节。自我调控包括自我激励、自强自律等，是自我意识结构中的最高阶段，其核心内容是"我将如何成为理想的那种人""我将如何实现理想的人生""我将如何改变自己"。自我调控包含两个方面的作用：发动和制止。一个健康的个体是能有效控制自我的人。

二、正确的自我认识

正确认识自我是健全自我意识的基础，也是心理健康的基础。大学生如果没有正确的自我认识，便会出现自我认识的偏差。

（一）自我认识的内容

关于自我意识，心理学家周依·卢福特（Joe Luft）和哈里·殷汉（Harry Ingham）提出"周哈里窗（Johari Window）"理论。"窗"是指人的自我意识就像一扇窗户，包括四个部分：开放我、盲目我、隐藏我、未知我。见图1－2。

	自己知道	自己不知道
别人知道	开放我（公开区）	盲目我（盲点）
别人不知道	隐藏我（隐藏区）	未知我（未知区）

图1－2 "周哈里窗"理论

1. 开放我

"开放我"也称"公众我"，属于公开活动的领域。这是自己知道别人也知道的部分，比如，我们的性别、外貌、身高、婚否、职业、工作生活所在地、能力、兴趣爱好、特长、成就等。"开放我"是自我最基本的信息，也是了解自我、评价自我的基本依据。

2. 盲目我

"盲目我"属于个体自我认识的盲点。这是自己不知道而别人却知道的部分，即我们所说的"当局者迷，旁观者清""不识庐山真面目，只缘身在此山中"。比如一个人的无意识动作、无意识的表情和语言等，自己觉察不到，但别人却能观察到。

3. 隐藏我

"隐藏我"是自我的隐藏区，属于逃避或隐藏领域。这是自己知道而别人不知道的部分，与"盲目我"正好相反。就是我们常说的隐私、个人秘密，留在心底，不愿意或不能让别人知道的事实或心理。几乎每个人都有"隐藏我"，大家也认为这个部分是不能公之于世的，是不能让别人知道的。

4. 未知我

"未知我"也称为"潜在我"，属于未知区。这是自己和别人都不知道的部分，有待挖掘和发现。通常是指一些潜在能力或特性，也包含弗洛伊德提出的潜意识层面，仿佛隐藏在海水下的冰山，力量巨大却又容易被忽视。探索和开发未知我，才能更全面深入地认识自我、激励自我、发展自我、超越自我。

（二）自我认识的途径

大学生的自我认识是一个复杂的过程，一个不断变化和丰富的过程，也是一个充满矛盾和挑战的过程。人主要通过三个途径来认识自己：一是自我反省，二是社会比较，三是他人反馈。

1. 自我反省

自我反省是认识自我的一个重要途径。贝姆（D. J. Bem）的自我知觉理论，主要从行为对态度影响的角度，来阐释人们如何认识自己。当问一个人关于某事物的态度时，个体首先回忆他们与这种事物有关的行为，然后根据过去的行为推断出对该事物的态度。即人们通过对自己的行为和行为发生的情境了解自己的态度、情感和内部状态。也就是说，我们对自己内部状态的了解，也像他人了解我们一样，都是通过我们的外显行为。如当一人主动吃苹果时别人问他是否喜欢苹果，这时他会认为，既然没有外力强制，是自己主动吃苹果的，那么一定是喜欢苹果。所以人可以通过自己的行为来进行自我反省。

2. 社会比较

任何个体都是社会中的人，所以避免不了与他人进行比较，尤其是与同龄人进行比较，了解自己在同龄人或者社会中的位置、自己的重要性等。因此社会比较也是人了解自己的一个途径。

社会心理学家费斯廷格（Leon Festinger）提出了社会比较理论，该理论假设人们如果想要知道自己真正的样子，便可以通过将自己和他人进行比较来满足这种需要。一个人对自己价值的判断，是通过与他人的能力和条件的比较实现的，他将此情况称之为社会比较过程。比如一个人如果想知道自己的成绩究竟如何，就要与别人的成绩进行比较，才能知道自己在群体中的位置。

社会比较理论认为，当个体发现自己对自己的评价和类似于自己条件（如性别、年龄、职业）的他人一致时，就加强了自我评价的信心，大大提高了安全感；为了增加安全感，在进行社会比较时，要选择对手，在对能力的自我评价方面更是如此。在进行社会比较的时候，不仅要向上比较（与比自己好的人比），同时也要向下比较（与比自己差的人比）。向上的比较能够帮助我们看到自身的不足或缺憾，看到未来发展的方向和目标，克制自大心理，努力赶上去；向下的比较可以帮助我们发现自身的优势和成就，克服自卑，获得自我价值感和满足感。

3. 他人反馈

人在认识自己的时候仅通过自我反省还不够，所谓"当局者迷，旁观者清"，有时候周围的人对我们的态度和评价能帮助我们认识自己、了解自己，特别是了解自己没有觉察到的、潜意识的行为和想法。这是人获得自我认识的另一种途径，就是观察他人的反应，也称为反射性评价。比如一个人讲了个笑话，周围的人都笑了，他便可以推断出自己是一个有幽默感的人。

社会心理学家库利（C. H. Cooley）用镜像自我来描述反射性评价。镜像自我即以他人为镜子，即我们在他人眼中看到的自我。他认为，在个体关注自我发展的过程中，个体所具有的自我情感取决于对他人态度所做的归因，个体想象自己是如何被另一个人看待的，这种知觉决定了个体如何感觉自己。

库利提出了通过镜像自我认识自己的三个过程：首先，对我们在他人眼中的形象进行想象；其次，想象这个人如何评价我们；最后，我们因为这种想象里的判断而感觉好或不好。

三、悦纳自我

一个人是否能够悦纳自我是心理健康的重要保证和基础。

（一）悦纳自我起作用的秘密

1. 期望效应

皮格马利翁是古代塞浦路斯的一位善于雕刻的国王，由于他把全部热情和希望放在自己雕刻的少女雕像身上，后来竟使这座雕像活了起来。心理学家罗森塔尔（R. Rosenthal）和雅各布森（L. F. Jacobson）将此现象称为"皮格马利翁效应"。

　　罗森塔尔及其同事，要求教师们对他们所教的小学生进行智力测验。他们告诉教师们说，班上有些学生属于大器晚成者，并把这些学生的名字念给老师听，罗森塔尔预测，这些学生的学习成绩可望得到改善。自从罗森塔尔宣布大器晚成者的名单之后，罗森塔尔就再也没有和这些学生接触过，老师们也再没有提起过这件事。事实上所谓大器晚成者的名单，是从一个班级的学生中随机挑选出来的，他们与班上其他学生没有显著不同。可是当学期末再次对这些学生进行智力测验时，他们的成绩显著优于第一次测得的结果。这种结局是怎样造成的呢？罗森塔尔认为，这可能是因为老师们对这些大器晚成的学生予以特别的照顾和关怀，使他们的成绩得以改善。皮格马利翁效应和罗森塔尔效应都反映了期望的作用，所以又称为期望效应。

　　2. "内在我"对"外在我"的影响

　　在每个人的心里都有一个"内在我"，心理学称为"自我表征"，简单来说就是我们如何看待自己。"外在我"则是指我们如何去看待外在的世界。我们如何看待自己会对如何看待外在的世界产生影响，有人曾做过以下的实验来验证"内在我"对"外在我"的影响。

　　在 20 人的群体中开展这个实验。两人一组，一人的角色是甲，一人的角色是乙。实验图片见图 1—3。

　　首先让乙闭上眼睛，给甲看图片 A。把图片 A 撤掉，让乙睁开眼睛；甲闭上眼睛，给乙看图片 B。把图片 B 撤掉，让甲睁开眼睛，给甲和乙看图片 C。

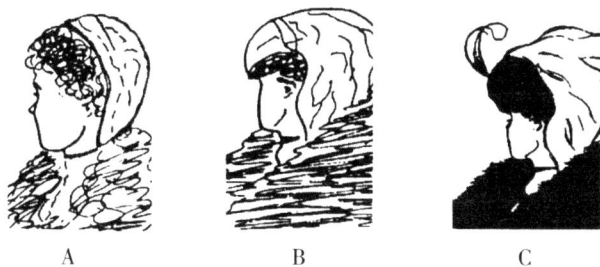

图 1—3　实验图片

甲和乙两人讨论看到图片 C 时各自看到了什么。

　　实验结果：虽然给甲和乙最后看的是同一张图片，但他们报告看到的人物却不同。大部分甲报告看到的是一个美丽的少女，而大部分乙报告看到的是一个老太太。

为什么会有这样的差异？因为甲和乙之前看到的图片不一样，看到 C 的结果也不一样。这说明了之前的图片会影响我们的判断。而我们内在的心理表象，会影响我们如何看待外在的事物。所谓"心里有什么，就会看到什么"也是这个道理。

（二）如何悦纳自我

从上面的理论和实验可以看出，心理暗示有着十分强大的作用，如何利用积极的心理暗示悦纳自我呢？悦纳自我的第一个条件是接纳自我，接纳意味着既接纳自己的优点，也接纳自己的缺点。一个人接纳自己最好的办法就是把自己当作独一无二的人，一个独特的个体。学习从独特的角度去欣赏和接纳自己，从现在开始欣赏自己的独一无二，为自己的这份独特感到自豪。

四、有效调控自我

自我调控是伴随自我认识、自我体验而产生的各种思想倾向和行为倾向，控制常常表现为对个体思想和行为的发动、支配、维持和定向。自我调控的本质特征包含以下两点：一是自我调控是个体有意识控制冲动行为、抵制满足直接需要和愿望的能力；二是自我调控的目的是为了执行能带来长期利益的目标指向的行为。其核心内容是"我将如何成为理想的那种人""我将如何实现理想的人生""我将如何改变自己"。

（一）人如何调控自己

马库斯（Markus）和沃夫（Wurf）提出了自我调控的一般模型。该模型将自我调控过程分为三个组成部分：目标选择、行动准备和行为控制环路。

1. 目标选择

自我调控的第一步就是目标选择。在一个人能够有效地调控自己的行为之前，必须要选择一个目标，明确自己想要做什么。通常情况下，个体选择什么样的目标是与自己的期望相关的。个体会根据自己对于能否达到目标的期待来选择目标，如果个体认为自己能够达到目标，那么他就会产生积极的期望，反之期望值就很低。能够达到目标的可能性越大，就越容易形成积极的期待，就越有可能成为确定的目标。

2. 行动准备

当确立了目标以后，就要努力实现它。这是自我调控的第二个阶段。在这个阶段个体会搜集大量信息，根据可能的结果建构情境，并进行"预演"。个体会在这个阶段制订计划并且实施计划来达到目的。但并非所有的行为都能达到目标，比如一个人冲动地做了决定，然后没有经过深思熟虑就冲动行事，这样就可能无法实现目标。

3．行为控制环路

这是自我调控的第三个阶段。在这个阶段个体会利用信息来调节他们的行为。个体控制行为的过程主要有：

（1）初始行为（比如跑1公里）。

（2）观察行为（给自己掐时间）。

（3）与某些标准做比较（将实际时间与目标时间做比较，或者与他人做比较）。

（4）期望（对未来行为的期望）。

（5）情绪反应（因为成绩和目标之间的差距而表现出来的情绪）。

（6）行为调节（继续努力或放弃）。

可以看出，个体对自己未来行为的期望与一个关于自我的心理学概念——自我效能感密切相关。

（二）自我效能感及其对自我调控的影响

自我效能感是心理学家班杜拉首先提出的一个概念。自我效能感是个体对自己具有组织和执行达到特定成就的能力的信念，即个体对自己能力的一种主观感受，而不是能力本身。具体来说，它指个人对自己在特定情境中是否有能力去完成某个行为的期望。班杜拉认为预期是认知与行为的中介，是行为的决定因素，因此他进一步把预期分为结果预期和效能预期。结果预期是对某种行为导致某种结果的个人预测。效能预期则是个体对自己能否顺利地进行某种行为以产生一定结果的预期。如果一个人觉知到的效能预期越强，则越倾向于做更大程度的努力。

班杜拉的研究认为，效能信念影响人的思维、情感、行动并产生自我激励。这种信念调节人们选择干什么、在所选择的事情上付出多大的努力、在面对困难和挫折时能经受多大的压力等方面，所以如果要提高自我调控能力或水平的话，提高自我效能感是关键。

（三）如何提高自我效能感

提高自我效能感很有现实意义。自我效能感高的人，在日常社会活动中充满信心和决心，这样就会在很多时候能较好地发挥其潜能而获得成功。因此，可以从以下几个方面提高效能感。

1．设立合适的目标

给自己设立可以完成的目标和任务，并把这些任务分解成小的目标和任务，在不断的小成功中提升自己的自我效能感。不要想一口气吞掉一头大象，这样会永远让人觉得挫败，觉得是不可能完成的任务。

2．找到合适的比较对象

在比较中发现自己的长处，可提高自己的自我效能感。找到合适的比较对象，可以帮助我们更好地认识自己，发现自己有长处也有短处，既可以发扬自己的优点，也可以正确认识自己的缺点，从而提升自己的自我效能感。

3．合理归因

深入分析自己之前成功和失败的原因，在进行归因的过程中提高自我效能感。合理的归因方式是在分析成功的时候更多地归因于自我努力，在分析失败的时候更多地归因于自己不够努力，这样会让人产生自我调控感，从而可以逐步建立自我效能感。

第二章

大学生的
自我管理能力

第一节　自我管理及其特征

一、自我管理的定义

自我管理的理论是彼得·德鲁克先生提出的。他认为，所谓自我管理，就是指个体对自己本身，对自己的目标、思想、心理和行动等表现进行的管理。自己把自己组织起来，自己约束自己，自己激励自己，自己管理自己。

从不同的学科门类的研究角度，可将自我管理的定义主要分为以下几种。

（一）心理学范畴的自我管理定义

以人的心理现象为研究对象的心理学，通过探析、测试人的行为和心理活动的规律及特征来研究自我管理，强调自我管理是一种良好适应的心理品质。研究的主要因素是自我意识、自我控制、自我适应、自我调节、自我激励与自我反馈。主要分为精神分析心理学的自我管理研究和非精神分析心理学的自我管理研究两类[①]。

以弗洛伊德为代表的精神分析心理学派认为，人格结构由本我、自我、超我三部分组成。本我，即原我，指原始的自己，包含生存所需的基本欲望、冲动和生命力，是一切心理能量之源。本我按快乐原则行事，不理会社会道德、外在行为规范，唯一的要求是获得快乐，避免痛苦。其目标是求得个体的舒适、生存及繁殖，是无意识的，不被个体所觉察。自我，原意指自己，是自己可意识到的执行思考、感觉、判断或记忆的部分。其机能是寻求"本我"冲动得以满足，而同时保护整个机体不受伤害，它遵循现实原则，为本我服务。超我，是人格结构中代表理想的部分，是个体在成长过程中，通过内化道德规范、内化社会及文化环境的价值观念形成的。其机能主要是监督、批判及管束自己的行为，特点在于追求完美。超我是非现实的且大部分是无意识的，它要求自我按社会可接受的方式去满足本我，遵循的是"道德原则"。

---

① 李家龙. 自我管理要素与实现 [M]. 北京：机械工业出版社，2011.

本我、自我、超我既有区别又有联系。主要区别是：本我代表遗传因素，是人的生物本能；自我主要由个人经验和社会环境所决定，也就是由偶然的、同时代的事件所决定；超我则代表外部世界的理想，本质上是从他人身上和外部世界继承的，受父母及父母的替代影响。它们的主要联系是：自我和超我是在本我基础上发展起来的衍生物；自我是人格结构的中枢系统，是人们行为和动机的控制器和调节器，不停地周旋于本我、现实环境和超我三者之间，平衡和协调它们的关系，承受来自各方面的压力和挑战，最大限度地避免自我的焦虑和解体；超我是从自我中分化出来的，是社会文化传统的卫道士和道德规范的仲裁者，把自己的好恶强加给自我。精神分析心理学派的自我管理研究中，自我，是对客观事物施加影响并在一定程度上涉及潜意识活动的自我（ego），因此，精神分析心理学派主要进行的是自我意识、自我控制的研究，认为自我管理是自我对于本我和超我的协调，自我管理的目的是如何使用社会更接受的方式，满足人的生物本能，从而有效避免内疚。

非精神分析心理学派（主要指发展心理学、认知心理学和社会心理学等）认为，自我是作为对象或客体（object）具有反身意识性质的自我或自身（self）。美国的心理学之父威廉·詹姆斯关于自我的立论奠定了现代研究自我观念的基础。他认为自我是"实证的自我"，有好几种元素：物质的自我（我们的身体、所有物、家人、家庭）、社会的自我（个体的社会特征、私人关系、种族、政治倾向、烙印群体及职业和爱好）、精神的自我（内在的思想品质、整个的心灵功能或者性格的集合）。实证的自我总体来说是可研究的，能通过内省的办法和观察的办法加以探索。指出人的行为是"有目的的行为"，并提出了"自我控制""选择""自我功效"等自我管理的相关概念。

斯金纳的行为主义观点认为，人们是否做出某种行为，只取决于一个因素：那就是行为的后果。人们并不能选择自己的行为，而是根据奖惩来决定自己以何种方式行动。提出要通过习得和训练获取理想行为或矫正不良行为的观念。相对于外在的奖惩系统，自我管理强调个体的主动性，是以目标为导向的一个运用行为和认知策略的过程。马斯洛的动机理论（又称需要层次论）认为，人类动机的发展和需要的满足有密切的关系，需要的层次有高低的不同，低层次的需要是生理需要，向上依次是安全、爱与归属、尊重和自我实现的需要。自我实现指创造潜能的充分发挥，追求自我实现是人的最高动机，它的特征是对某一事业的忘我献身。高层次的自我实现具有超越自我的特征，具有很高的社会价值。健全社会的职能在于促进普遍的自我实现。自我管理是通向自我实现的唯一必经途径。

科尔伯格认为，人的心理是一种以水平不断增加为特征的内部结构的发展过程，是内部与外部互相作用的结果。道德并不是强加于个体的，个体在建构个体道德判断时，会主动介入各种社会关系中，通过其社会经验形成特定的思维方式，尤其是通过采取他人的观点、以各种情感为基础作出自己的判断。

班杜拉的社会认知理论将个体的认知、行为及所处环境放在了一个动态的系统中进行考察，得到了"三元交互作用系统"（行为、主体、环境）。他认为个体的活动是认知、行为和环境三个变量不断相互作用的函数。个体对外在影响的反应有消极的也有积极的，而且外在环境也会因为个体的反应发生改变。这种相互的影响为个体对自身发展施加一定的影响提供了可能。根据这个模型，自我管理是个体、行为和环境三个变量相互作用的结果，其中，个体的影响因素受到班杜拉的高度重视，这些因素包括个人的信念（比如自我效能感）、知识以及情绪情感过程。他提出了"个体自理性"的重要概念，即个体具有主动地选择信息、决策判断并作出目标导向行为，以达到既定目标的能力。此概念有四大特征：行为的目的性、前瞻性思维、对自身活动的自我调节、自我反省。班杜拉提出的"自我效能感"的概念，将其定义为"个体对自己完成既定目标所需的行为组织和执行能力的判断"。自我效能感是一种自我认知，起到控制知识和行为之间相互关系过程的作用。面对既定任务，自我效能感决定着行动者是积极努力去完成还是回避这个重要选择。个体对效能预期越高，就越倾向做出更大努力。班杜拉指出了四点影响自我效能形成的因素，即：直接的成败经验、替代性经验、言语劝说和情绪的唤起。他认为自我概念主要反映的是人们对自己个人效能的信念。个人控制使一个人能预期事件并使其成为所期待的样子。个体自我管理模型，即自我观察、自我评估、自我反应。可见，非精神分析心理学研究中的自我管理，指的是在意识层面上，在认知作用下，人对自己心理和行为的控制和调节。自我调节包含着五个相互关联、相互作用的阶段：目标选择、目标认识、维持方向、变换方向、目标终止。自我管理的内涵是自己管理自己，这是一种自我调控、自我约束的行为。具体来说，自我管理是指个人自觉地对自己的思想、心理和行为进行调节、控制和约束。

总之，心理学定义的自我管理，是个体通过主动地设定目标，采取行动调整自己的心理活动和行为，监控和评估自身的绩效并作出相应的调节，积极寻求发展，取得良好适应的心理品质，达到自我实现目标、塑造自己命运的过程。

（二）哲学范畴的自我管理定义

哲学范畴的研究认为，自我管理问题不仅是现实生活中的重大问题，也是关于人的哲学问题中一个至关重要的论题。依据对立统一规律，用矛盾分析法研究自我管理，强调自我管理是人在社会实践活动中处理并解决各种矛盾的方式。

自我管理作为人的存在方式，是人类有史以来的基本事实。自我管理内在地生成于主我与客我的两重矛盾、自我与组织的对立统一、自我与社会的良性互动关系中。

人的自我作为生命个体，总是一种不断地通过实践认识和改造自然、社会及自身的存在物。自我在其发展中，不仅认识和改造自然，而且不断地审视、认识和改造自己。"自我"一分为二，分解成主体"我"和客体"我"，即"主我"和"客我"。自我不仅成为自己的主体，也可成为自己的客体。当主体对自己的某一方面、某一部分进行体察和反思、调整和改造时，这部分自我就成为"客我"。人在能动性活动中把自己对象化，从而产生人与自身的主客体关系。主我和客我两方面构成一个完整的个体自我，自我的主客体的基本关系是实践关系，即主我调整和改造客我的关系，通过这个关系构成现实的自我改造、自我管理活动，从而实现自我。个体的自我主客体关系表现为自我实现、自我改造、自我满足、自我意识的过程。主我与客我的两重矛盾内在地要求自我控制、自我协调等自我管理，从而实现自我发展，促进自我和谐。人要实现自己的目的就需要在对自己负责的基础上进行自我管理。在每一次具体的实践活动中，人首先要能把自己的意图和体验、思想和感觉及时客观地报告给自己，形成对自己意识和行为正确的认识，进而制订活动目标；活动过程中必须将活动的实际进展方向、活动客体、活动结果与原定目的进行对照，并作相应自我修正；为求实现主我与客我的协调，必须进行自我控制，根据既定目标让主我制约客我，有效推动积极行为、抑制消极行为，努力达成目标。解决主我与客我的矛盾必须进行自我管理，自我管理不但改变了自我的内部世界，而且也改变着外部环境。人类的进步与发展，也是个人不断地自我管理、自我提高的过程。

从哲学领域研究的自我管理，将人的全面发展作为其最终目标和最高目标。从哲学意义上来考察自我管理，我们会得出这样的结论：自我管理是对传统管理理论和实践进行深刻反省后的产物，它将管理的对象由外部移到内部，转到人自身，将管理主体与客体融合为一人。这是管理思想史上划时代的变革，也是其更高的成就。

哲学范畴的研究认为，自我管理是指个体在社会活动中，主我能动性地对客我进行体察和反思、调整和改造，处理自我矛盾，实现自我协调与自我发展以及与组织和社会良性互动关系的实践方式。有学者指出，自我管理就是指在现代化的社会历史大背景下，具有自我意识、自主意识和自由能力的个人，在正确认识自己所处环境的前提下，通过合理的自我设计、自我学习、自我协调和自我控制等环节，以获得个人自我实现和全面发展并能推动社会进步和人类解放为最终目标的能动活动。

（三）管理学范畴的自我管理定义

系统地研究管理活动及其基本规律的管理学，侧重从自我管理与管理现代化的关联性、自我管理的人本性、自我管理目标与组织管理目标的一致性、自我管理的有效性、自我资源配置的科学合理性等方面定义自我管理，强调的是自我管理中管理的控制职能。

管理现代化是用新的科学思想和组织手段对当代社会和经济进行有效的管理，从而创造最佳经济效益的过程。……最重要的精神是把管理纳入"一切为了人"的现代意识和规范。管理的现代化就是人性化、个性化、自主化。自我管理是现代管理的真正内涵和本质特征，是管理现代化的总趋向。现代管理是人本管理以及基于人本管理的自我管理已经成为共识。以自我管理为最终追求目标的人本管理，是管理理论发展的必然结果，是以人的全面的、自在的发展为核心，创造相应的环境、条件，以个人自我管理为基础，以组织共同愿景为引导的管理模式。自我管理是实现人本管理的有效形式。自我管理追求的人本目标是人的自由全面发展，包括人的素质的全面提高和人的解放使人的本质力量得以发展和实现，是管理追求的终极目标。管理的历史就是一部"个人本身力量发展的历史"。强调自我管理，是因为管理责任的最终落脚点是个人。人的存在是一种自为的存在，是不断生成的生命存在，人应不断超越自己，使自己趋于自己设定的存在状态，自我只有在不断的自觉追求中才能真正达到自我实现，因此，自我管理是自我实现的根本途径。

自我管理是个人能动地对自己进行管理。具体而言，是指在适应所处的管理环境、建立清晰的管理目标的前提下，通过不断的自我认识、自我教育、自我激励和自我调控的动态过程，逐步趋向自我完善，从而在管理系统中尽可能发挥大的作用，以便使整个管理系统取得最佳的管理效益。这是对自己生命运动的一种调节，对思维运动和行为过程的一种自我控制[①]。组织是由单个的个体组合而成，每个人都是独立的行动主体。这个主体的任何一项动作，既有组织管理，还有自我管理。组织管理和自我管理的方式越协调，目标越一致，其效果就会越好。个体是集体管理的主要参与者，个体的自我管理水平决定着集体管理的效率。自我管理是在组织目标下的自我约束和自我控制，在自我认识、自我评价、自我教育等方面以完成组织目标为最终目标。柔性管理的核心便是自我管理[②]。

郭海龙、刘珊、方卫渤、肖培、严中华、蔡美德、彭文晋、李家龙等学者认为，自我管理是个过程。郭海龙指出，自我管理是一个管理过程，即通过自我认识、自我设计、自我学习、自我协调和自我控制等几个清楚步骤连贯而成的管理过程。他认为管理学意义上的自我管理主要是指员工的自我管理，是组织和员工通过协商、授权等途径让员工在目标指引下进行自我管理和自我控制，通过自我激励来实现组织目标和个人目标的统一。自我管理是指个体自我设定目标、履行目标、反馈目标并完成目标的一个过程，包括自我计划、自我教育、自我协调和自我控制等内涵。自我管理是指处在一个社会关系中的人，为实现个人目标有效地调动自身能动性，规划和控制自己的行动，训练和发展自己的思维，完善和调节自己的心理活动的自我认识、自我评价、自我开发、自我教育和自我控制的完整活动过程。自我管理是个体为在社会中获取更大的生存和发展空间，以及为不断地满足物质和精神的需要而对本身的观念或思想以及行为进行筹划和控制的过程。自我管理是指一个人主动地调控和管理自我的心理活动和行为的过程，是一种涉及个体多维度、多层次、集合性的心理和活动系统。自我管理的实质是自我控制，作为主体的自我，一个人需要进行自我意识、自我控制和自我调适；作为客体的自我，一个人需要进行自我调节、自我激励与自我反馈[③]。

蒂姆认为，在个人合理的价值观系统基础上，最大限度地利用和发挥自己的

---

① 胡国平，李平. 对加强大学生的自我管理素质教育初探 [J]. 四川高等专科学校学报，2001 (1)：52—54.

② 王超. 卓越员工的自我管理 [M]. 北京：北京工业大学出版社，2012.

③ 李家龙. 自我管理要素与实现 [M]. 北京：机械工业出版社，2011.

时间与潜能，从而实现有价值的目标，这一过程就是自我管理。"价值系统"即无论什么时候，我们都会朝自己认为有价值的方向努力，所以，理解个人的价值观是自我管理过程的关键环节；"时间与潜能"是只有自己才能掌握和控制的资源。实际上它们才是我们必须付出和真正能够管理的；"有价值的目标"是我们努力的结果，这些目标必须植根于一个合理的价值系统中；"过程"即指自我管理是持续不断的，贯穿于一切有目标的活动的始终，它不是一次性的或偶尔才进行的。

（四）自我管理定义的总结

综上分析，自我管理已成为心理学、哲学、管理学、社会学、教育学等多个领域的研究重点。自我管理理论也在上述各种理论的支撑下得到了极大的发展。笔者综合前述各方面的研究，对自我管理作出如下定义。

自我管理，是个人以自己合理的价值观为基础，能动地提出目标，组织整合自身资源（时间、知识、技能、信息、情绪、情感等），调节控制自己的心理活动和行为，去践行并完成目标，实现自我价值与自我发展的自觉的、持续性的活动。其内涵包括自我认知、自我设计、自我组织、自我调节、自我控制等。

自我认知，是自我管理的前提条件，自我管理有赖于有效的自我认知及对自我认知的恰当运用。因为，只有通过自我认知，才能清楚自己的价值观，明确自己的长处与优势、不足和劣势，正确地进行自我管理的定位，才能知道在什么样的条件下能使自己得到最好地发挥，然后为获得最大成效去发现和创造条件，才能将有限的时间和精力投入到自己最该做且最能够发挥自己长处的工作中去，以减少不必要的时间和精力的浪费。

自我设计，就本质而言即自我计划，自我设计为自我管理提供了明确的方向和目标，建立合适的目标（长期目标和短期目标）是有效自我管理最重要的内容，也是自我管理的第一步。"伟大和平庸之间的最大区别在于被自己最迫切的目标推动的程度"。自我设计的终极目的，是为超越现状而进行自我能力的提升。只有经过深思熟虑、精心准备的计划目标，才能使人们对自我管理中各个不同阶段的结果有明确的预期，把现在的努力与实现长远目标的努力结合起来，卓有成效地进行自我管理。

自我组织，是指为了有效地实现既定的长期目标和短期目标，最大可能地集中、调配自身所拥有的各种资源，如时间、智慧、知识、技能、信息、情绪、情感、物资力量等，使自己有限的宝贵资源能得到合理的使用。

自我协调，所谓协调就是让事情和行动能有合适的比例。自我协调是指在实现既定目标的过程中，保持自我与环境、自我身心之间的和谐，各种资源使用的比例合适，能与计划的推进较好地匹配。自我协调通过自我观察、自我判断和自我反应三个基本子过程获得最终实现。

自我控制，是指个体对自身言行和心理状态的控制活动，侧重于节制[①]。即在既定目标的实施活动中进行自我检查、自我分析和自我调整，旨在正确、及时地把握目标实施的方向、进度、质量和存在的问题，清除缺陷、纠正偏差，确保目标的完成。在进行自我控制时，只有根据既定目标让主我制约客我，有效推动积极行为、抑制消极行为，才能努力达成目标。因此，自我控制是自我管理的保障环节，它使得自我管理不断沿着自我设计的轨道运行。自我控制是自我管理的实质和关键，能最大限度实现自我调控的人必是成功的自我管理者。

自我管理更多的属于管理问题。自我管理是建立在现代管理理论最新成果基础上的。它以现代管理学的理论为支撑，代表着现代管理中人本管理发展的必然趋势。人本管理以深刻认识人在社会经济活动中的作用为基础，突出人在管理中的地位，实现以人为中心的管埋。人本管理的主要含义是依靠人、尊重人、关心人，开发人的潜能，塑造人的素质，凝聚人的合力等。在现代社会中，每一个人实际上都是管理者。这种自我管理，既有能运用于具体情境的实践方法，也有关于贯穿整个人生的职业生涯管理内涵。因而它具有人本管理的意义。自我管理打破了传统管理理念中管理者与被管理者的对立，变被动为主动，化消极为积极，构建了一个自加压、自运行的自觉系统，通过自我管理，员工能最大限度地发挥自身潜能，实现全面发展，使人本管理得以实施。如果人本管理中缺少自我管理的环节，就意味着放弃让员工主动参与、配合管理的机会，人本管理就无法实施。可见，实现真正意义上的人本管理就必须实行自我管理。因此，自我管理是人本管理的本质特征，是实现人本管理的有效形式。

二、自我管理的特征

自我管理与其他管理活动相比，主要具有如下几个方面的重要特征。

---

① 程文晋，付华. 管理视域内的自我教育论［M］. 北京：中央编译出版社，2012.

（一）管理目的的差异性

任何管理活动都是有意识、有目的的。目的即行为主体根据自身需要，借助意识和观念的中介作用，预先设想的行为目标和结果。因而，这些目标构成管理的基础，管理的过程就是通过计划、组织、协调和控制等职能实现目标的过程。只有在明确的目标导向下，管理行为才具有可执行性，管理过程才能有依据，管理结果才会有价值。彼得·德鲁克（Peter F. Drucker）在《管理实践》中最先提出了"目标管理"的概念，他认为，并不是有了工作才有目标，而是有了目标才能确定每个人的工作。人的使命和任务都必须转化为目标。目标管理以自我管理为中心，目标的实施由目标责任者自己负责，通过自我调控，不断修正自己的行为去实现目标。

总体来看，自我管理以最大化地高效利用自我潜能和自身的全部资源，达到实现个人的全面发展及人生的意义和价值这一最终目标和与之匹配的阶段性目标。但每个人都是有别于他人的独特个体，因此，具有不同的生存环境和条件，不同的性格特征和潜能，不同的价值观、人生观、心理品质、综合素质以及不同的学识和技能等。作为不同的自我管理主体，他们各自所追求的自我管理的长远目标和短期目标必然是各种各样、千差万别、具有显著差异性的。目标对自我管理有着巨大的导向作用，自我发展、自我实现、自我成就很大程度上取决于具体目标是否合适、明确。目标设置是一种重要的激励方法，"在企业生产中，目标设置是提高生产率的唯一的高效率的工具"。目标设置也是使自我管理能够卓有成效的唯一的高效率的工具。不同的自我管理主体设置的具体目标不同，自我管理活动的努力方向就会不同。自我管理中，一切行动都是从方向开始的，所做的每一件事，都是完成特定目的的一个环节。把自己的行动与既定的具体目标不断加以对照，行动的动机才会得到维持和加强，个人才会自觉地克服一切困难努力达到目标。自我管理目的的差异性，会导致自我管理努力的方向、程度、结果、效率等的差异性。对于不同的自我管理者而言，选择了不同的具体的目标就可能会有不同的成就、发展和人生。

（二）管理角色的统一性

自我管理中的"自我"有两种含义：一种是作为实施管理行为并在一定程度上涉及潜意识活动的自我（ego）；另一种是作为管理对象或客体（object）具有反身意识性质的自身或自我（self）。前者是自我管理中作为管理主体的"我"即

"主我"；后者是自我管理中作为管理客体的"我"即在管理活动中把自己对象化后的"客我"。自我管理就是主我能动性地对客我进行的体察和反思、调整和改造。从管理的主体看，自己是自我管理的主体，是开发自我宝藏的"厂长或经理"，你想成为工程师或企业家吗？你想成为教授或科学家吗？那么，你就是这些"产品"开发、生产和销售的"老板"；自己就是自己的管理者。从管理的客体和对象看，自己同时又成为管理和认识的对象。自我管理彻底改变了社会管理、企业管理中管理者与被管理者的对立——自己既是管理者又是管理对象，管理主体与管理客体的统一性是集中体现自我管理本质的最基本特征。

（三）管理工具的自有性

管理工具是管理的核心要素。好的管理工具对管理获得较高的效率能起到明显的推动作用。不同于其他管理以各种规章制度、各种管理标准体系、绩效考核等为主要管理工具，自我管理是以自我的心理品质、综合素质、时间、潜能等自身宝贵资源作为管理工具进行的。而这些管理工具都是唯有自己才能真正拥有的，也是唯有自己才能真正掌握和控制的。管理工具的自有性是自我管理区别于其他管理的显著特征。

（四）管理活动的自觉性

自我管理，是个体自主、独立、自觉地从事和管理自己的实践行为与活动。由于自我管理是自己作为自己的管理者，将管理主体与客体都统一于"自我"，消除了管理者与被管理者的角色对立，因而，自我管理形成了一个自加压、自运行的自觉系统，它是依靠一种自律精神，在自我意识层面上、自我认知作用下主动进行自我认识、自我调节、自我反省、自我反馈和自我控制，自觉完成各项具体管理任务的活动。因此，自我管理是不受外界各种压力和要求的直接影响，不由制度、他人意志等外力决定的自觉行动。

（五）管理过程的持续性

自我管理不是一次性的、间歇性的或偶尔进行的，而是围绕人生的最终目标，贯穿于人一生所有活动的持续性过程。因为，人们不断地进行着认识与改造客观世界和主观世界的实践活动，而自我管理作为人的社会实践的基本方式，存在于人的社会实践活动的始终。只要人的社会实践活动不停止，自我管理也就不会停止。一个自我管理过程的完结，是另一个自我管理过程的开始，自我管理过程不断循环，周而复始，持续性地向自我管理的最终目标推进。

第二节　自我管理能力及其构成

一、自我管理能力的定义

所谓能力，是顺利完成某一活动所必需的主观条件，是直接制约人们完成某种活动的质量和数量水平的个性心理特征。

自我管理能力是自我管理者完成自我管理具体活动所必需的主观条件，也是直接影响自我管理活动效率及完成状态的个性心理特征。自我管理体现为一种能力，自我管理能力是指自我管理者依靠主观能动性按照自我管理既定的目标，有意识、有目的地对自身的心理、生理、行为等各方面进行转化与控制的能力。自我管理能力的高低决定着自我管理的水平与成效。人的自我管理能力达到何种程度，他就在何种程度上创造着社会生产力。

自我管理能力包括人在自我管理活动中对自身的心理、生理、行为上的自我认识、自我感受、自我调理、自主学习、自我监督、自我控制和自我完善等各个方面的能力，依据管理内容的不同，可将自我管理能力分为以下几类。

（一）按管理内涵分类的自我管理能力

自我管理以自我认知、自我设计、自我组织、自我调节、自我控制等为内涵，而自我管理能力按内涵又可分为以下几种能力。

1. 自我认知能力

自我认知能力，是对自己的心理和行为的洞察、理解、判断、评估能力，包括自我观察和自我评价。自我观察是指对自己的感知、思维和意向等方面的觉察；自我评价是指对自己的想法、期望、行为及人格特征的判断与评估。自我认知亦称自我意识，这是建立"生活计划"的基础，是人们精神生命之核心，是人的首要品质。只有通过自我认知，个体才能正确地进行人生定位，将有限的时间和精力投入到最容易发挥自己能力的活动中去。

2. 自我设计能力

自我设计能力，是对自我管理的长远目标、阶段性目标及自我管理活动的各个方面、各个环节进行全面规划与周密安排运筹的能力。

3. 自我组织能力

自我组织能力，是指为实现自我管理的各种目标，对自身及周边的各类资源进行整合、调配、协调并充分加以利用的能力。

4. 自我调节能力

自我调节能力，是指进行自我激励，给自己制定行为标准，用自己能够控制的奖赏或惩罚来加强、维护或改变自己的行为，以完成自我管理具体活动的能力。具体包含自我观察、自我判断和自我反应等方面的能力。

5. 自我控制能力

自我控制能力，是指为确保自我管理行动与自我管理计划的一致性，对自身的行为和观念进行检查、调节、约束、修正等的能力。

（二）按管理对象分类的自我管理能力

自我管理以自身的心理活动和行为作为管理对象，自我管理能力按管理对象可分为自我心理管理能力、自我行为管理能力。

1. 自我心理管理能力

自我心理管理能力，是指人对自己包括心理过程和人格的心理现象进行管理的能力。

心理是指人对客观现实的主观反映，心理现象包括心理过程和人格。心理过程即指认识过程、情感过程、意志过程。认识过程是人在认识客观事物的过程中，为弄清客观事物的性质和规律而产生的最基本的心理现象，包括感觉、知觉、记忆、思维和想象等；情感过程是人在认识客观事物的过程中所引起的对客观事物的某种态度的体验或感受，在此基础上产生喜、怒、哀、乐等态度体验；意志过程是借助认识的支持与情感的推动，使人有意识地克服内心障碍与外部困难并坚持为实现目标不断努力的过程。人格亦即个性，是通过心理过程持续表现出来的区别于他人的、相对稳定的、影响人的思维方式和行为模式的心理特征的总和，主要包括需要、动机、能力、气质、性格等。

在自我管理中，心理和自我管理的具体活动存在辩证统一的关系。心理在活动过程中形成和发展，并受活动的制约；心理对外部世界的反映是否正确，需要通过自我管理实践活动的检验。同时，心理作为自我管理活动的重要组成要素调节着活动的进行，对活动起着关键性的制约作用。自我心理管理能力决定着自我管理者能否对客观外部世界作出正确的主观反应，从而对自我管理产生直接的重大影响。

2. 自我行为管理能力

自我行为管理能力，是指管理各种影响、支配活动的外在因素和内在因素，坚持既定的自我管理目标，在一定动机下管理自我行为的能力。

影响自我管理行为的因素可分为两个方面：外在因素和内在因素。外在因素主要是指客观存在的社会环境和自然环境的影响；内在因素主要是指人的各种心理因素和生理因素的影响，诸如认识、情感、兴趣、愿望、需要、动机、理想、信念和价值观等。而对人类行为具有直接支配意义的，则是人的需要和动机。自我管理者的不同行为受个体不同的欲望和动机的驱使，并指向一定的目标。这种由动机支配并指向一定目标的行为，称为动机性行为。动机性行为主要可以分为目标导向行为和目标行为两种。目标导向行为是指为了达到某种目标而采取的行为，目标行为则是指实现目标本身的行为。目标导向行为是选择、寻找和达到目标的过程，不会持续太长时间，当目标行为开始后，目标导向行为就相应降低；目标行为完成，需要得到满足，新的需要就会强烈起来，于是行为便又发生变化。这个从动机到行为、再由行为到目标的过程，即为一个目标导向行为和目标行为的循环交替过程。要使需要、动机强度能够经常保持在较高的水平上，最有效的方法就是循环交替地运用目标导向行为和目标行为。目标导向行为和目标行为循环交替的过程是螺旋上升的过程，实现一个目标后，马上提出新的更高的目标，使之进入新的目标导向过程，从而使自我管理的积极性经常保持在较高的水平上。自我行为管理能力，指的就是能根据自我管理目标和客观环境与条件，适时地有效调节、改变自我管理行为，顺利完成目标导向行为和目标行为螺旋上升的循环交替过程，不断实现自我管理目标的能力。

（三）按适用的管理领域分类的自我管理能力

按自我管理能力适用的管理领域，分为通用的自我管理能力、特殊的自我管理能力。

1. 通用的自我管理能力

有学者根据世界管理大师彼得·德鲁克的自我管理理论，将应该具备的适用于自我管理所有领域的通用自我管理能力归纳为如下九项：

一是角色定位能力——认清自我价值，清晰职业定位；

二是目标管理能力——把握处世原则，明确奋斗目标；

三是时间管理能力——学会管理时间，做到关键掌控；

四是高效沟通能力——掌握沟通技巧，实现左右逢源；

五是情商管理能力——提升情绪智商，和谐人际关系；

六是生涯管理能力——理清职业路径，强化生涯管理；

七是人脉经营能力——经营人脉资源，达到贵人多助；

八是健康管理能力——促进健康和谐，保持旺盛精力；

九是学习创新能力——不断学习创新，持续发展进步。

2．特殊的自我管理能力

特殊的自我管理能力又称专门自我管理能力，是顺利完成某种专门自我管理领域的活动所必备的能力，如音乐能力、绘画能力、数学能力、运动能力等。各种特殊的自我管理能力都有自己的独特结构。

（四）按管理要素分类的自我管理能力

自我管理包括若干具体要素，将自我管理能力按要素划分，可主要分为如下几类：自我意识能力、自我控制能力、自我调适能力、自我激励能力、自我学习能力、自我创新能力、价值观管理能力、时间管理能力、目标管理能力、职业生涯规划能力、优势与效能管理能力、人际交往能力、健康管理能力，等等。

（五）按管理范畴分类的自我管理能力

自我管理是综合性的管理，涉及多个方面，将自我管理能力按管理的不同方面划分，主要有如下几类：知识技能管理能力、精神理念管理能力、社会关系管理能力、日常生活管理能力等。

二、大学生自我管理能力及其构成

大学生的自我管理，是大学生以自己个人合理的价值观为基础，能动地提出目标，组织整合自身资源（时间、知识、技能、信息、情绪、情感等），调节控制自己的心理活动和行为，去践行并完成目标，实现自我价值与自我发展的自觉的、持续性的活动。其内涵仍然包括自我认知、自我设计、自我组织、自我调节、自我控制等。

大学生的自我管理能力是他们进行自我管理具体活动所必需的主观条件，也是直接影响他们自我管理活动效率及活动完成状态的个性心理特征。年龄 20 岁左右的当代大学生，正处于学习并储存各种知识与信息、形成自己的价值观和人生观、进行人生目标规划、选择未来职业的关键阶段。他们的自我管理能力主要包括如下几类。

（一）自我认知能力

大学生的自我认知能力，是大学生对自己身心状态及对自己同客观世界关系的认识与评价能力。包括认识与评价自我的能力，认识与评价自己与他人、与组织、与社会的关系的能力。

1. 认识与评价自我的能力

要有认识自己的价值观和价值体系的能力。价值观是指一个人对周围的客观事物（包括人、事、物）的意义、重要性的总评价和总看法。它是人们行为活动的核心，所有的态度、取向和行为都源于此。价值观是个人性格中最稳定和最持久的因素，它是人们做出关键性决定的依据，是决定人们生活方向和个人爱好的基础。它一方面表现为价值取向、价值追求，凝结为一定的价值目标；另一方面表现为价值尺度和准则，成为人们判断事物有无价值及价值大小的评价标准。价值观对人生轨迹有着强烈和鲜明的导向作用。对诸事物的看法和评价在心目中的主次、轻重的排列次序，构成了价值观体系。价值观和价值观体系是决定人的行为的心理基础。它从根本上左右着人的自我认识，反映出人对自身价值及如何实现自身价值的基本看法，直接关乎着人的理想、信念、生活目标和追求方向的性质。价值观对动机有重要的导向作用，支配和制约人的行为动机，不同价值观产生不同的行为。价值观反映人们的认知和需求状况，是人们对客观世界及行为结果的评价和看法，因而，它从某个方面反映了人们的人生观和世界观，反映了人的主观认知世界。大学生们必须具备客观、主动地对自身价值观进行识别、选择、实践、调节等方面的能力及为自己确立正确的价值目标的相应能力。

要有认识自己的长处和不足的能力，只有这样，才能在自我管理中主动地扬长避短，不断地自我调节、自我完善。大学生们也必须具备主动地对自身的长处、不足进行识别，并善于挖掘自身长处的相应能力。

2. 认识与评价自我同客观世界关系的能力

自我认知离不开周围环境，特别是人与人之间关系的制约和影响。自我认知在社会实践活动中形成，反映着自我与周围现实之间的关系。个体只有具备认识与评价自己同客观世界关系的能力，通过社会比较、借助别人的评价去客观地认识自己与他人的关系、认识自己在集体和社会中的地位及作用，才能实现正确的自我认知。

大学生只有具备较强的自我认知能力，真正明确自己的价值观和价值体系，明确自己的长处和不足，明确自己同客观世界的关系，才能对自己的想法、期望、行为及人格特征做出合乎实际的正确判断与评估，才能正确认识自己，实事求是地评价自己，真正明白自己是谁，自己应该要什么，自己应该做什么，自己适合做什么。只有解决好这些重要的前提问题，才会有明确且恰当的人生目标与自我管理定位，才能有效地进行自我管理。

（二）自我规划能力

自我规划能力亦即自我设计能力，是对自我管理的长远目标、阶段性目标及自我管理活动的各个方面、各个环节进行全面规划与周密安排运筹的能力。

自我规划能力是选择、明确自己的人生归属和人生目标，对自我目标体系与实际行为导向和效果进行管理的能力，主要可分为自我的人生规划能力与自我的职业规划两大部分。自我规划能力包括根据自己的实际情况选择和确定自我发展定位、自我实现的目标体系（包括最终目标、阶段性目标、长期目标、短期目标等）、目标内容（包括目标的终极和阶段性的标识）、目标的层次和实现序列、量化指标和评判标准、需要具备的条件和完成的时限等方面的能力。

目标是自我管理的导航器，有效的自我管理必须兼具长期目标和短期目标。长期目标的建立可以增加人的内部动机，而短期目标的建立则产生了积极的成功预期。为了实现目标，须给目标排序，确定所希望实现的每个目标的时间框架，务必为每一个目标设定日期。自我规划能力通过确定目标、制定措施、分解目标、落实措施、安排进度等各个方面得到体现。

成功的道路是目标铺成的，目标设定是一个所期望实现的结果的证实过程。成功者在学校时不见得比不成功者更优秀，但他们总是在关键时刻做出了正确的选择，而关键时刻的选择往往决定了一个人最终的命运。学会选择，就是要知道如何安排自己的一生。史蒂芬·柯维（Stephen R. Covey）在《高效能人士的七个习惯》中提出的"以终为始"（Begin with the end in mind），即须先明确目标，再去努力实现。成功人士都"以终为始"，他们人生中的一切行动、一切价值标准，都以自己人生的最终愿景与最终期许为起点。大学生们必须具备较强的自我规划能力，在正确自我认知的基础上，进行自我规划，明确地给自我人生定位，树立起最重要的自我总体目标，即人生的最终愿景与最终期许，真正清楚自己想成为怎样的人、自己能干什么、社会可给自己提供什么机会、自己应选择干什么等至关重要的人生目标和职业目标，形成正确的自我主观成就预期与客观成就预期，具备自我积极主动的内在控制中心，使理想可操作化，为人生提供明确方向，以自己正确的、准确的、具体的、现实的、可行的人生目标为前提，培养

"以终为始"的高效行为习惯，做好自我管理，实现人生价值。

（三）自我激励能力

美国管理学家贝雷尔森（Berelson）和斯坦尼尔（Steiner）给激励所下的定义是："一切内心要争取的条件、希望、愿望、动力都构成了对人的激励。它是人类活动的一种内心状态。"人的一切行动都是由某种动机引起的，动机是一种精神状态，它对人的行动起激发、推动、加强的作用。激励是"需要→行为→满意"的一个连锁过程，即针对人的需要来采取相应的管理措施，以激发动机、鼓励行为、形成动力的过程。自我激励是自我支配的积极强化手段，它对于增强自觉性、主动性和行为的连续性具有不可忽视的作用。自我激励包括两个方面：一是给自我行为以肯定的自我评价，包括自我希望、自我鼓舞、自我欣慰和自我欢乐；二是给自我行为以否定的自我评价，包括自我谴责、自我批评、自我惩罚等。

大学生的自我激励能力，是指他们不用外界奖励和惩罚作为激励手段，而是自觉地激发自我的行为动机，能动地运用各种有效的方法去调动自我的积极性和创造性，努力去完成既定的自我管理目标的能力。自我管理的效率不仅取决于能力，更取决于受自我激励及那些能带来积极态度、满意和激励作用的"激励因素"（能满足个人自我实现需要的因素）具备的程度。因此，大学生的自我激励能力主要包括保持积极心态的能力、坚定自信的能力、控制情绪的能力、调整计划的能力、直面困难的能力、换位思考的能力、勇于竞争的能力、超越并战胜自我的能力、向榜样学习的能力、自我暗示的能力、适当而正确的自省能力、调节放松自己的能力等。

德国专家斯普林格在其所著的《激励的神话》一书中写道："强烈的自我激励是成功的先决条件。"人的一切行为都是受激励产生的，有效的自我激励会点燃人为目标奋斗的激情，促使其工作动机更加强烈，让他们产生超越自我和他人的欲望，并将潜在的巨大的内驱力释放出来，为自我管理的目标奉献更大的热情。大学生们须具备较强的自我激励能力，通过不断的自我激励，促使其保持强有力的自我管理内在动力，朝所期望的目标前进，最终达到自我管理的顶峰——成功。自我激励是当代大学生们迈向成功的引擎。

（四）自我时间管理能力

大学生的时间管理能力，是他们运用科学方法和技巧提高自我时间的利用率和有效性的能力。

彼得·德鲁克先生，认为"有效的管理者往往不是从任务开始，而是从时间开始。他们并不是先制订计划，而是先查明时间的实际去处，然后他们努力管理他们的时间，消减那些无效的时间需求，最后他们尽可能将零散的时间整合成大块的连续的时间单位"。这就启示我们，时间管理能力应包括设定时间管理目标的能力、分析诊断时间的能力（能明确时间的去处、能分清哪些方面浪费了时间等）、采取措施消除时间浪费的能力、制订计划合理分配时间的能力、管理实施时间计划利用零散时间的能力、酌情整合时间的能力、控制评估时间的能力等。大学生的时间管理能力，是指大学生们对自我时间进行的设定管理目标，并实施计划、组织、控制、整合等一系列活动的能力。

时间是最宝贵、最有限的特殊资源，它是世界上万事万物存在的方式，也是一切活动得以进行的前提。自我管理也不例外。时间是无价之宝，从经济学的角度看，它是一种财富，人们每分每秒都在创造巨大的财富。时间是最紧缺的资源，若连时间都管理不好，要想管理好其他事情，就只是空谈。作为特殊资源的时间具有如下独特性：一是供给毫无弹性。时间的供给量是固定不变的，在任何情况下都不会增加，也不会减少，每天都是 24 小时，无法开源。二是无法蓄积。时间不像人力、财力、物力和技术等其他资源可以积蓄，不论愿意与否，我们都必须消费时间，无法节流。三是无法取代。任何一项活动都有赖于时间这一不可缺少的基本资源，任何一件事情都离不开时间。四是不可逆转，无法失而复得。时间一旦丧失则永远无法挽回等。时间是极其有限的宝贵财富，没有时间，纵有再强的能力，再好的计划，再高的目标，也是枉然。大学的时光对大学生尤为珍贵，只有最大限度地开发和利用时间资源，才能保证大学生自我管理的效率和效能。

时间管理是个人管理，是针对时间所进行的自我管理。时间管理的目的，就是要"以终为始""做正确的事"，并且努力去"正确地做事"。任何一个目标的设定都应考虑时间的限定。大学生们须最大限度地减少时间的浪费、最科学地分配并最充分地利用自己可以控制和利用的时间，最合理地压缩时间流程，使时间价值最大化。不同的人在相同的时间面前表现不同、结果不同，其重要原因可能不是别的，而恰恰是由于他们在时间管理水平上的差异造成的。因此，时间管理能力是决定大学生自我管理成效乃至人生成败的至关重要的基本能力。

（五）自我职业选择能力

自我职业选择能力直接影响着大学生的职业规划。职业规划是指对自我职业生涯进行持续的系统的计划的过程，它包括职业定位、职业目标设计、职业通道选择等内容。职业规划能力，是个人结合自身情况及当前机遇和相关制约因素，为自己确立职业目标、进行职业定位、选择职业道路、确定教育、培训和发展计划等，并为自己实现职业生涯目标而确定行动方向、行动时间和行动方案等方面的能力。

大学时期是职业生涯的准备和选择时期。职业生涯设计是一种人生设计，是对命运的选择。现代职业生涯设计不仅能帮助个人实现目标，更重要的是有助于个人真正了解自己，从而设计出合理可行的职业生涯发展方向。但是正确的职业生涯设计必须对个人的发展结构和驱动因素进行策划，必须承担自我的职业发展责任。每一份成功都是智慧经营自我的结果。在职业选择中，理清"到底什么对我们最重要"非常关键。在这个时期，大学生们需要逐步具有自知之明，能明确认清自己的价值观、气质、个性、技能、兴趣、潜力等适合干什么，能明确认清自己需要怎样的环境、条件才能干得最好。因此，大学生们的职业规划能力更重要地体现为职业选择能力，具体包括自我剖析能力、提升自我职业价值观成熟程度的能力、找准自我"职业锚"与职业兴趣的能力、明确自我职业定位的能力、提高自我职业定位与外在需求吻合度的能力等。大学生们应从社会发展的实际需要、个人的外部环境和自身实际情况两大方面进行认真的自我剖析，根据个体的人生总体规划，明确自己的职业定位，找准自己的"职业锚"，锁定符合社会经济发展需要的自我"职业锚"。大学生们必须搞清楚自己的职业归属，正确地选择适合自身因素与潜能且符合社会需求的、可行的职业目标及其发展路线，并从各个方面脚踏实地地为之努力。

（六）自我决策能力

大学生的自我决策能力，是其为实现特定目标，根据客观的可能性，在积累一定信息和经验的基础上，借助合适的工具、技巧和方法，对影响目标实现的诸因素进行分析、预测、计算和判断选优后，对未来行动作出决定的能力。决策能力体现在包括发现问题、确定目标、制定备选方案、拟定评价标准进行优选、决定实施方案等完整决策过程的各个方面。具体包括以下几个方面。

发现问题、确定目标的能力。决策是解决具体问题达到既定目标的活动。决策目标是指在一定外部环境和内部环境条件下，对相关因素作必需的调查研究后所预测的解决问题方案要达到的结果。决策目标是根据所要解决的问题来确定的，因此，必须具备尽快把握所要解决问题的要害，明确具体决策目标的能力，这是避免盲目决策与决策失误的核心能力。

预测能力。决策与预测是密不可分的，预测为决策提供必需的资料、信息和数据，预测是决策的基础，决策是预测的延续，正确的决策必须依据准确的预测，若无准确的预测必然导致决策失误。由此可见，决策能力的强弱取决于预测能力的水平。具备较强的预测能力，是正确决策至关重要的基础。

提炼能力。提炼能力是指准确和迅速地提炼出解决问题的各种备选方案的能力。拟定备选方案，先是要分析和研究目标实现的外部因素和内部因素、积极因素和消极因素，及决策事物未来的运动趋势和发展状况；而后将外部环境与自身的各种不利因素和有利因素同决策事物未来趋势和发展状况的各种估计排列组合成多种方案；提炼、把握各种方案的本质和核心，选择出若干个实现目标的利多弊少的可行备选方案。作决策时，不要要求永远都是对的、不要匆忙做出决定、不要害怕别人议论、不要害怕承担责任。正确地拟定出好的备选方案，需要较强的提炼能力。

决断能力。决断能力是对若干个备选方案进行认真慎重的评价与总体权衡后，从中选定最佳方案的能力，及危急时刻或紧要关头当机立断的能力。抉择时必须严格把握的评价标准是看哪个方案最有利于达到决策目标，且成本代价与可能的风险最低。具体评价从以下几方面进行：一是所取方案是否与决策目标相符；二是所取方案是否具备实施的条件即是否有可行性；三是所取方案所需的实施成本代价；四是所取方案实施的可能风险等。评价常用经验判断法、数学分析法和试验法等进行。迅速做出决策的有效方法取决于你决心对结果负什么责任。要提高决策能力，就应该有积极进取的精神。决断能力关乎最终决策的成败，是决策能力中的关键能力。

执行、回馈评估方案的能力。任何方案只有真切地得到实施后才有其实际的意义，执行方案是决策的落脚点。通过对决策的执行、反馈评估，可以发现决策执行过程中的偏差，以便采取措施控制决策偏差，确保决策目标的实现。因此，执行、反馈评估方案的能力也是决策必须具备的重要能力。

决策贯穿于自我管理的始终，自我管理过程也就是不断决策的过程。知识劳动者都是决策者。从这个角度看，决策能力在大学生的自我管理能力中举足轻重。

（七）自我沟通能力

大学生的沟通能力，是指其所具备的能胜任沟通活动的优良主观条件，即能与他人有效地进行信息、思维、情感等交流的能力。沟通能力由自己理解别人的能力、让别人理解自己的能力两部分构成。具体包括表达能力、争辩能力、倾听能力、设计能力（形象设计、动作设计、环境设计）、信息处理能力等。

影响大学生沟通能力的因素有两个：一个是思维是否清晰，能否有效地搜集信息，并做出有逻辑的分析和判断；另一个则是能否贴切地表达出（无论是口头、书面还是其他方式）自己的思维过程和结果。而前者更重要，没有思维的基础，再好的表达技巧，也不可能收到（传达、说服、影响）好的结果。与思维及表达两个沟通要素相对应，沟通也有两个层面，即思维的交流和语言的交流。所以，评价沟通能力强弱的一个重要标准，就是能否适时把握对方的思维，提前做出反应，让双方的交流从语言层面上升到思维层面。因此，判断沟通能力的基本尺度是恰如其分和沟通效益。所谓"恰如其分"，指沟通行为符合沟通情境和彼此相互关系的标准或期望；而"沟通效益"，则指沟通活动在功能上达到了预期的目标，或者满足了沟通者的需要。沟通能力看起来是外在的东西，而实际上则是大学生综合素质的重要体现，它反映着一个人的知识、能力和品德。

社会是由人们互相沟通所维持的关系组成的网，没有沟通，就不可能形成组织和人类社会。自我管理所需的各种信息的采集、传送、整理、交换以及人际关系的处理，无一不是通过沟通实现的。只有通过沟通，大学生的自我管理活动才能得以开展。具备较强的沟通能力是提高大学生自我管理效能必需的重要保障。

（八）自我学习能力

在校大学生最主要的任务就是学习。大学生的学习能力，是指其掌握和运用学习的方法与技巧获取各方面的知识和技能、自我求知、改变已有的知识结构、增长才干与创造力、提升素质并完善自我的能力。学习能力是人们所有能力形成的基础，因此是自我管理能力中最基本最重要的能力。学习能力主要包括注意力、观察力、记忆力、概括力、思维力、想象力、创造力、理解力、语言表达力、操作力、运算力、听/视知觉力、反思力等。也可将学习能力概括为：自我学习优势的认知能力，即明确自己善于阅读还是善于倾听以及自己习惯性学习方法的能力；从他人、实践、网络等各种渠道学习的能力，善于通过各种渠道学习才能取得事半功倍的显著学习成效，取得绩效的关键是必须能在实践中运用所学的知识；储备性与急需性结合的学习能力及终身学习能力。学习分为两种类型：一种是"增加型学习"，使你按一定顺序获得信息，一段时间后这些信息转化为知识；另一种是"削减型学习"，这种学习过程就如雕塑，须将一段时间所积累的知识中已经过时无用的，甚至阻碍你前进的部分去除，直至最后一尊美丽的雕塑诞生。若按学习的不同类型，可将学习能力分为"纳新学习能力""吐故学习能力"。

学习能力有几个重要特征：一是自主性，是指个体自觉、自愿地学习，而不是被迫学习；二是能动性，是指积极地富有创造性地学习，而非只对知识与信息简单地吸收，同时还要会消化，善于将所学转化成个人发展所需的物质和精神能量；三是创造性，学习的最终目的是推陈出新、吐故纳新、融会贯通，是为了创新和创造。

终生学习是 21 世纪的生存概念。科学技术的时代意味着，知识在不断地变革，革新在不断地进行。教育应该致力于较少地传递和储存知识而应该更努力追求获得知识的方法，即学会如何学习。在现代社会，任何人都必须通过不断的再学习来更新自己的知识结构以提高自己的社会竞争力。任何掌握了某种知识的人每过四五年就必须进行更新，否则就会落伍。不学习就意味着落伍和被淘汰，必须学会学习，且不断地继续学习，持续地更新自己的知识并拓展自己的视野，才能在 21 世纪中生存与发展。关于人的知识、关于自然的知识、关于社会的知识都应当纳入自我学习的范围。大学生们必须明确，人才具有显著的时间性，今天是人才，明天未必仍是。为使自己明天依然是有价值的人才，必须高度重视自我学习能力的提升。较强的自我学习能力，能让大学生们可持续地发展且终身受益，实现从平凡到优秀再到卓越的人生跨越。

（九）自我控制能力

自我控制能力是大学生自我管理能力中的关键能力。自我控制是指以自我为主体，根据情境需要和主体意图来制定某种标准或规范，并以此为评估依据，做出执行或停止、坚持或放弃的行为。它是个体对自身内部过程与外显行为的主动掌握。自我控制还被表述为不同的名词，如行为抑制、抑制控制、反应调节、情绪控制、限制等。耐心其实就是一种自控能力，即为了一个较长远的目标控制自己暂时的欲望。自我控制实质上是有赖于产生控制行为的环境变量的，因而是源自有机体之外的。自我控制是人类所特有的一种特殊的活动，旨在以自我意识去达到控制自身心理和行为的目的。具体表现为两方面：一是发动作用，二是制止作用，即促进某一行为，抑制与该行为无关或阻碍其进行的行为。通过自我控制，使自己的行为符合群体规范，符合社会道德和既定目标的要求。

自我控制能力是自我意识的重要成分，是个人主动掌握自身的心理和行为，自觉地依据预定的目标，在没有外界监督的情况下，适当地控制、调节自己的行为，抑制冲动，抵制诱惑，延迟满足，主动地控制自己的言行，使之与预定目标相吻合，坚持不懈地保证目标实现的一种综合能力。它是个体适应社会的一项重要功能，是自我意识结构中自我调节的最基本手段，也是我们抑制神经兴奋，控制、克服气质特征中某种消极因素实现目标的重要途径，表现在认知、情感、行为等方面。自我控制或约束包括检验、控制、纠偏等环节。检验是以自身确定的目标和标准，检验自己的行为；控制是将自身行为控制在有利于目标实现的范围内；纠偏是纠正哪些偏离目标实现的行为，通过这些环节来约束自己，以保证目标的实现。从这个角度分析，自我控制能力就是自我反省与监控能力。

自我控制能力是人的一种自觉的能动力量，是在改造客观世界中控制主体自身的一种特殊的能动性。它不是消极的自我约束，而是一种内在的心理功能，使人自觉地进行自我调控，积极地支配自身，排除干扰，使主观恰当地协调于客观，从而采取合理的行为方式去追求良好行为效果。这是一种对自我行为判断后进行的理性行为，这种理性的判断和执行就构成自我控制力。自我控制力水平的高低与人的个性品质、综合素质及能力密切关联。良好的自我控制能力是当代大学生进行自我管理、成为创新型人才至关重要的必备能力。

第三节　大学生自我管理的重要意义

一、大学生自我管理是社会发展的必然要求

人类社会的发展源于经济结构的重大变革。现代社会是"知识经济社会"。知识经济社会既是人类知识，特别是科学技术方面的知识积累到一定程度及知识在经济发展中的作用增加到一定阶段的历史产物，又是新的信息革命导致知识共享以高效率产生新知识时代的必然产物。

划分经济时代的重要依据不是看生产什么而是看用什么生产。与依靠物资和资本等这样一些生产要素投入的经济增长相区别，知识经济社会中经济的增长取决于知识含量的增长。知识在现代社会价值创造中的功效已远远高于物资和资本这些传统的生产要素，成为所有创造价值要素中最基本的要素。知识经济社会正是针对知识在现代社会价值创造中的基础性作用而言的。

在知识经济社会，社会生产力运动中起决定作用的力量是知识，知识生产力已经成为社会生产力发展的关键性因素。其经济增长比以往任何时候都更加依赖于知识的生产、扩散和应用。以知识的生产、分配、使用为特点的可持续发展，已成为知识经济社会的典型特征。从质的规定性看，社会生产力将从物质生产力提升到知识生产力；从量的规定性看，社会生产力的生产资料将从有限的物质生产资料提升到无限的知识资源；从生产力的结构看，劳动资料、劳动对象与劳动者将从三者分离提升到相互融合甚至融为一体。可以非常肯定的是，未来社会将是一个知识社会，拥有与其相对应的知识工作者，这些知识工作者是劳动力中最大的单一部分和最昂贵的部分。……可以近乎确切地说，在经济社会中我们所面临的挑战是管理方面的挑战，它必须依靠个人来解决[①]。知识经济社会在劳动力结构、生产要素、企业组织形式、管理模式等诸多方面都发生了巨大变化。社会的发展与变革，迫切需要作为未来知识劳动者的当代大学生们具备全面且较高的自我管理能力。

[①]　彼得·德鲁克. 德鲁克管理思想精要 [M]. 李维安，王世权，刘金岩，译. 北京：机械工业出版社，2009.

（一）大学生自我管理是劳动力及其结构变化的必然要求

知识经济社会中，劳动力的结构已经出现了空前的变化——由体力劳动者为主转变为知识劳动者为主，彼得·德鲁克将知识工作者描述为是那些掌握和运用符号及概念，利用知识或信息工作的人。加拿大学者弗朗西斯认为，知识型员工就是创造财富时用脑多于用手的人。知识劳动者具有如下主要特点：一是拥有重要的生产资料；二是平均工作年限较长；三是有较强的成就动机；四是劳动过程难以监控。

知识劳动者拥有重要的生产资料，即存于自身的知识，这要求原本就是资源管理者的知识劳动者具有自我认知、自我规划、自我决策等全面的自我管理能力。知识劳动者掌握着"知识"这种当今社会最关键性的生产要素的生产、分配、使用权，已经成为这种特殊资源实质上的管理者，客观上就须肩负提高这种特殊资源配置效率的责任。"知识令资源更具流动性。同体力劳动者不同，知识工作者通晓生产方法本身，他们的知识装在自己的脑子里，随时都可以带走。"大学生要想使自己能在今后激烈竞争的职场中保持较强的竞争力和较高的效能，不断取得进步和成功，就必须具有较强的自我认知能力、职业规划能力、自我决策能力，必须做好自我管理。通过正确的自我认知明确自我的优势及潜能，进行合理的自我规划，明确自我职业归属，正确进行自我职业定位和职业选择，使自己的知识资源产生最高效率。

知识劳动者平均工作年限较长——要求知识劳动者终生学习，具有管理好自己的后半生并应具备能从事若干种职业的能力。知识工作者在大学读完各种学位才30岁左右，他们的实际工作寿命可能会长达50多年。知识工作者的实际工作寿命远高于企业的平均寿命，因此，终生都须为胜任一种以上的工作、任务或事业做好准备。这要求大学生们明确，知识工作者须自觉地进行自我管理，具备自我学习、自我完善等各方面的自我管理能力以使自己保持竞争优势，能毕生从事有意义、有价值的工作。

知识劳动者有较强的成就动机——要求知识劳动者具有较强的自我学习能力、自我创新能力、自我调控及自我完善能力。知识劳动者更强调自我价值的实现，更强烈地期望得到社会的认可，更愿意从事挑战性、创造性的工作，将攻克难关作为实现自我价值的方式。知识劳动既不能用数量也不能用成本来确定其意义，而只能用结果来确定其意义。即知识劳动者的成就与价值实现只能用效能、贡献来评价。因此，知识劳动者必须具备较强的学习、创新能力，不断地挑战自我、超越自我，不断地用知识创造知识，才能让自我保持较高的效能和竞争优势，实现自我价值。

知识劳动者的劳动过程难以监控——要求知识劳动者具有较强的自我约束、自我决策、自我控制能力。知识劳动者多以弹性工作制从事思维性活动，其劳动过程可发生在任何时间与场所，对他们的工作监控既无必要，也无可能。知识劳动者不生产任何具有效能的物质产品，而是生产知识、创意和信息，他们的工作时间、工作地点并不完全固定，但他们确为各项工作任务实施中的实际决策人。知识劳动者须明确自己就是自己的管理者，发挥主观能动性，自我约束、自我激励、自我调控，通过自我管理出色地完成各项工作。

（二）大学生自我管理是企业组织形式及工作制度变化的必然要求

知识经济时代生产手段（人的知识、技能）与劳动力实现了一体化，这就必然导致生产（工作）及其组织方式的变革，使生产（工作）及其组织趋向分散化：组织结构日趋扁平化——矩阵制组织、以自我管理团队为基础的团队型组织、网络型组织（虚拟企业）等；工作时间弹性制；工作地点灵活性等特点。而信息网络技术的发展为实施这种生产及其组织方式的变革提供了可能，创造了条件。

扁平化组织，是通过破除公司自上而下的垂直管理结构，强调管理层次的简化、管理幅度的增加与分权而建立的一种紧凑的横向组织。目的是使组织变得灵活、敏捷、富有柔性及创造性。其组织具体形式主要有矩阵制组织、团队型组织、网络型组织（虚拟企业）等。无论哪种扁平化组织都具有如下显著特点：都淡化了部门垂直边界，消除了部门间、职能间、科目间、专业间的交流与沟通障碍，强调相互协作完成组织任务达成共同目标；都赋予团队成员极大的自主决策权，可以自主进行计划、解决问题、决定工作优先次序、支配资金、监督结果、协调与其他部门或团队的有关活动等；都通过分散权利和责任来激发人的积极性、能动性并扩宽管理幅度；组织中的影响力并非完全来自职权，知识、信息、人格魅力等因素往往超越职权的影响范围，在决策和日常运作过程中发挥更大的作用；等等。为有效降低成本、提高效率，在知识经济的发展中保持竞争优势，组织结构更加扁平化成为必然的趋势。

在知识经济社会中，知识劳动者从因特网上获取劳动对象——知识和信息，并利用劳动工具——个人的智慧和创造性思维去创造新知识,多为远程办公,这使工作时间、地点都不再受限制,本来必须在固定时间到工厂、车间、办公室才能从事和完成的工作也可在其他时间和地点完成。

在知识经济社会,生产(工作)分散化的组织方式、弹性工作制等都对人们的自我管理能力提出了更高的要求,人们必须具备较强的自我管理能力,尤其是自我决策能力、自我创新能力、自我调控能力,才能适应并胜任工作,这对未来知识经济社会的主力军——大学生们来说,加强自我管理能力的训练就显得更加重要了。

(三) 大学生自我管理是管理模式变革的必然要求

在知识经济社会中,管理的内涵发生了重大变化。管理已从最初关注的"如何通过机器增加工作成果,提高工作质量",进步到"如何通过人力增加工作成果,提高工作质量",而现在更是发展到"如何通过工作发展自我"。在以自己拥有知识资源的知识劳动者为主体的知识经济社会中,"管理者"这一称谓,泛指知识工作者、经理人员和专业人员,由于其职位和知识的特殊性,他们必须在工作中做一些影响整体绩效和成果的决策……任何一个做决策的人都可以被称为是一个管理者。管理者的正确定义应该是应用知识并取得成效的人。

管理的本质是协调。就协调活动本身来说,被管理者的配合程度直接影响着协调的最终成效。知识经济社会中的管理是人本管理。人本管理克服了把组织中的绝大多数成员放在被管理的地位上,忽视他们的自觉能动性和应当承担的管理责任,限制他们管理才能的发挥等传统管理的缺陷,在深刻认识人在社会经济活动中的作用的基础上,突出人在管理中的地位,实现以人为中心的管理。追求人本就是追求以人的个性为本、以人的创造性为本、以人的自我实现为本、以人的价值最大化为本。以自我管理为最终追求目标的人本管理,是管理理论发展的必然结果。人本管理的核心即自我管理。

在知识劳动者作为管理者的知识经济社会中,管理的含义不再仅仅是管理者去管人、教人了,管理的重要内容应该是管好自己。现代管理更侧重于"动员",而非"组织"。只有个人发挥最大潜能,组织才能获得持久的巅峰表现,这就是自我管理的意义所在。强调自我管理,是因为管理责任的最终落脚点是个人。一切管理效果最终由员工自我决定,员工个人的自我管理决定着当今社会组织的管理效率。大学生只有具有自我管理能力,才能适应现代管理模式发展变化的需要。

综上分析，社会的发展与变革迫切需要全面培养作为未来知识劳动者的当代大学生的自我认知、自我规划、自我激励、时间管理、自我职业选择、自我决策、自我沟通、自我学习、自我控制等各方面的自我管理能力。

二、大学生自我管理是实现个人全面发展的必然要求

马克思主义认为，人的全面发展是指每个人自由、全面而和谐的发展。人的自由发展是指个人能按照自己的意愿、兴趣和社会需要相对自由地发展自己，而不受强制和消极限制；人的全面发展是指个人各方面的充分或最大限度的发展；人的和谐发展是指在发展中个人各个方面的关系都能处于最佳状态。在这种发展中，人的主体性得到了充分发挥，个人发展和社会发展达到和谐一致，人的类本质特征和社会关系得到充分的展现，每个人普遍地、现实地、彻底地感受到自我的本质和价值的实现。可见，人的全面发展是指个人各方面的充分或最大限度的发展。它包括唤醒人在进化过程中所获得的各种天赋潜能素质，使之获得最充分的发展和发挥；人的对象性关系的全面形成和个人的社会关系的高度发展等基本内容。社会发展的最终目标是实现人的全面发展，而社会的发展也取决于人的全面发展，正如恩格斯所说，"人们总是通过每一个人追求他自己的、自觉预期的目的来创造他们的历史"。

人的全面发展包括极其丰富的内涵：一是个人"类特性"的全面发展。马克思曾指出，自由自觉的创造性活动是人之为人的本质特征，是人的类特性。自由自觉的创造性活动体现的是个人主体性。二是个人"社会特性"的充分发展。包括：个人与他人不仅以作为社会成员的身份发生相互关系，而且还以个人身份发生相互关系；个人与他人交往时，把他人当作发展自己力量所需的对象；个人的主要社会关系保持和谐发展；个人积极参与社会生活的各个领域和各个方面的交往，并发生全面而丰富的联系；个人之间的关系成为他们之间的共同关系并服从他们的共同控制。三是个人"个性"的充分发展。包括：个人自身中的自然潜力的充分发挥；个人的肉体和心理的完善；个人需要的相对全面和丰富；相对丰富全面而又深刻的感觉；精神道德观念和自我意识的全面性；个性的自由发挥。

而要将人的"类特性""社会特性"和"个性"的丰富性表现出来，将积极性调动起来，就必须进行自我管理。因为，人的全面发展是贯穿自我管理活动中

的理想目标和最高原则。唯有以自我认识、自我设计、自我组织、自我学习、自我协调、自我控制、自我完善、自我实现等为内涵的自我管理，才能构成人的全面发展的重要实现途径和微观机制，唯有自我管理能力才是人全面发展的现实条件和基础。通过自我管理才能在不断的创造性活动中体现个人的自由向度，培养和造就自我的各种才赋和能力，最终实现自我价值，达到个人的全面发展。

全面发展的人一定是能够卓有成效地进行自我管理的人。人的全面发展必须实施自我管理，通过提升自我管理各方面的能力才能实现。

（一）大学生自我管理是合理确立自我全面发展目标的必然要求

人的全面发展必须有目标导向。通过自我认知、自我设计才能合理确立自我全面发展的目标。德鲁克指出"关于自我发展，有一点我们都很清楚：人们一般根据自己所确定的要求发展成长，而知识劳动者尤其如此。他们按照被自己视为成就和造诣的东西发展自己"。作为知识劳动者的大学生们，知道自己想成为什么样的人，才有可能去努力成为什么样的人。目标决定着大学生们个人全面发展的根本方向。进行自我管理，就是通过客观且正确的自我认知，真正明确自己的价值观、人生观、世界观，明确自己的优势、不足与潜能，明确自己的职业归属，明确自己应该如何权衡生存与发展等决定人生发展的关键性问题；通过围绕自我价值实现和全面发展的最终目的合理地进行自我设计，制订出自我全面发展的总体目标和切实可行的各阶段的具体发展目标，使自己能在明确的自我全面发展目标体系的指导下，确保努力方向不偏离既定的全面发展的轨道，自我潜能和价值都能得到最充分的发挥和实现。

（二）大学生自我管理是践行自我全面发展目标的必然要求

人的全面发展是一个由片面到全面、由畸形到完整、由贫乏到丰富、由潜在到现实的不断自我完善、自我实现、累积并创造自我价值的自我管理过程。

1. 自我管理是大学生自我完善的需要

人在不断妥善解决自我矛盾的过程中才能进行自我完善。人的自我意识由物质自我（个体对自己身体的意识）、社会自我（个体对自己在社会关系中的地位和作用、权利和义务的意识）、精神自我（个体对自己心理的意识）组成。自我意识会分化成主体自我和客体自我、理想自我和现实自我等形式。主体自我不断认识和改造着客体自我；理想自我不断评价和塑造着现实自我。而人总是以特定的把自身作为起始的观点来理解他生存的世界，并寻求和根据这同一观点来操纵这一世界。他借以发现世界的过程是以他的自我为中心的。这就会产生自我在认识、情感和意志上的不一致，理想与现实不相符，导致自我矛盾。心理学研究表明，人所谓的自我不是一个，而是多个自我。这多个自我协调工作，就是正常的人，如果不协调工作，就可能变成精神病者。解决自我矛盾就需要改变存在于我们思想和行动中的某种假定，这将意味着会进行同我们在外表上已经取得的进化一样多的内部的进化。现在，进化的先锋就是内省意识。如果进化的确向更高水平的综合努力前进的话，那么在人类意识的领域中，就将发生最关键性的变革。实际上进化的过程现在已在我们每个人身上变得内在化了。即需要个体的心理革命，需要我们基本自我模式的深刻转变，通过"自省"改变错误的认识，使每个人心中产生的自责成为阻止犯错误的内在精神力量。这就必须进行自我管理，接受社会规范的制约与社会的教化，通过自我学习、自我反省、自我约束、自我调节和自我控制，才能解决好主体自我和客体自我、理想自我和现实自我的矛盾，才能实现物质自我、社会自我、精神自我的统一，按照自我全面发展目标矫正自己的心理和行为，让自我发展中各个方面的关系都能处于最佳状态，有效推进大学生个体的自我完善。

2. 自我管理是大学生自我实现的需要

马斯洛认为自我实现的需要是人的本质需要。按照他的观点，一个人要想具有完整的人性，他的基本需要和超越性需要都必须得到满足。"只有在为我们所缺乏的事物而奋斗时，在希望得到我们所没有的东西时，在我们将自己的力量积蓄起来以便为满足这种愿望而奋斗时，才会把自己的各种本领都最大限度地施展出来"。意即自我只有不断超越自己，使自己趋于自己设定的存在状态，在不断地自觉追求中才能真正达到自我实现。而自我实现与自我管理紧密相连，自我实现是自我管理的目标。自我管理是自我实现的保障和具体体现，自我实现的过程亦即不断进行自我管理的过程。

3. 自我管理是大学生创造自我价值的需要

大学生的价值是指他们所具有的知识、能力，以及能够凝聚、启动并发挥这些知识和能力作用的、为社会创造价值的良好心理素质、道德素质、思想素质、政治素质以及身体素质。大学生价值的大小与其内在文明素质紧密相关，文明素质越高，其认识能力、创造能力就越强，自身的价值就越高，所能创造出的社会价值也就越大。如同通常的管理是社会生产力发展和社会经济价值创造的有效工具一样，自我管理也是个人生产力和自我价值创造的有效工具和手段。通过自我管理可以使人们的价值形成链得以有效展开，使人格素质得到不断提高；通过自我管理可以使大学生的内在的资源（价值观、时间、心理、身体、行为、信息等）进行有效的分配和整合，充分地开发个人的潜能，实现个人的全面发展，创造更高的自我价值。

假若大学生们能合理地管理自身的心理，将提高自身的认知水平，增强自身对情绪的控制力和意志力；能合理地管理自我的时间，将加速个人的发展进程，创造更多的价值，实际上相当于延长了自身的生命；能合理地管理自己的身体，将使自身变得更为强健和富有活力；能合理地管理自己的知识和信息，将使自身变得更加聪明和博学；能正确合理地对自己校内的社会工作角色进行定位和管理，不但将使自己获得更多的管理知识和技能，还将有机会学会处理人际关系的正确方法；能合理地管理自身的价值观、动机和行为，将使自己的每一项活动都成为一个有效的学习过程，一个使自我价值逐步增值、素质不断提高的过程[①]。

（三）大学生自我管理是自我成就的必然要求

自我管理、自我完善、自我实现是完整的同一过程，自我管理是成功的基础和途径。

人的全面发展和成功并不完全取决于智力、情绪或性格的某个单项指标是否高超，而是取决于各单项指标之间的有机结合程度，这种有机结合则需要较高的自我管理能力。虽然如智力等人的某些自身条件较难改变，但通过自我管理去正确认识自身的智力、情绪或性格等特征，并加以妥善管理，促进单向指标间的有机结合，就能不断提高自己的综合能力。一个有较高自我管理能力的人，不仅能够较合理有效地安排各项工作任务，而且在客观理解他人、摆正自己与他人位置方面也有着天然的优势，于是便在自身与环境、主观与客观这两个方面都实现基本条件的最佳利用，把自己安排在一个最能做贡献的地方，从而大大提高了事业和人生的成功率。古今中外但凡有成就的人，其成就过程都离不开严格的、科学的、不懈的自我管理，否则就无法遇逆境而不折，处顺境而不惰。历史上那些极成功的人——拿破仑、达·芬奇、莫扎特等一直都在进行自我管理，在很大程度上，也正是自我管理使他们成为伟大的成功者。

① 严中华，蔡美德，彭文晋. 大学生自我管理技能开发［M］. 广州：华南理工大学出版社，2000.

自我管理不仅有助于个人高效地服务于组织和社会，更有助于个人能自如地舒展身心，拥有更精彩、更丰富、更满足的生活，使人的自我知识、技能、态度、创造性、智慧和意识有机的组合，使自我的职业发展和社会生活更有效地融为一体，使人的"类特性""社会特性"和"个性"都得到充分、和谐的全面发展和发挥，最大限度地、彻底地感受到自我的本质和价值的实现。大学生自我全面发展的实现和人生最终成功的取得，必须进行持续的且卓有成效的自我管理。

三、大学生自我管理是体现高等教育实质、提高教育质量的必然要求

素质教育是现代高等教育（又称大学教育）的根本。我国深化教育改革的方向是全面推进素质教育。在现代社会的教育体制中，高等教育是大学生作为知识劳动者进入社会的最后一个门槛，因此，大学作为学生综合素质与能力教育整个链条中的最后一环显得尤为重要。从苏格拉底的大学理念开始，大学一直作为一种文明延续和发展的空间而存在，以培养具有深厚人文底蕴、创新意识、理性精神、综合素质、掌握专业知识且能为社会创造价值的独立个体作为教育的目标。善于自我管理将是大学生成功学习和面对知识经济社会各种挑战所必须具有的最基本的能力与素质之一。大学生自我管理是知识经济的发展对提高我国高等教育质量的必然要求。

（一）大学生自我管理是体现高等教育实质的必然要求

我国著名教育家陶行知先生曾大力倡导"学生自治"，主张让学生学会自己管理自己，认为学校的教育应当注重培养学生的自我管理能力、自我约束能力，以适应未来社会发展的需要。苏联教育学家苏霍姆林斯基认为"唤起人实行自我教育的教育，按照我的深刻信念，乃是一种真正的教育"。高等教育对大学生人格形成的作用极其重要。

真正的教育是自我教育的教育。自我教育是教育的目的和归宿。素质教育的主要内容之一就是培养大学生的"自主学习、自我教育和自求发展"的能力，而这些能力的发展需以大学生的自我管理能力的提高为基础和前提。大学生的自我管理，是指大学生们对自己本身，包括对自己的目标、思想、心理和行为等表现进行的管理，其主要特征是自己把自己组织起来，自己管理自己，自己约束自己、自己激励自己。自我管理依据"外因是变化的条件，内因是变化的根据"这

一哲学的基本原理，强调的正是个人生存、发展中内因的决定性作用。

教育作为培养人的社会活动，必须与时俱进。知识经济的发展要求知识劳动者具有正确的自我认知、自我规划、自我学习、自我决策、自我调控、自我完善等方面的自我管理能力；知识经济社会使终身教育逐步成为人们的生活必需，要求"通过多种自我教育的形式，向每一个个人提供在最高、最真实程度上完成自我发展的目标和工具"，使知识劳动者能保持竞争能力、创新能力；知识经济的发展要求知识劳动者具备更高的适应社会的智能。智能的发展依赖于自我管理能力的培养。时代与社会的发展已对我国的高等教育提出了新的更高的要求，我国的高等教育必须大力推行自我管理式教育与自我管理式学习。教育理念上需明确大学生既是被教育者，同时又是教育者——他们是自己的教育者。正如苏联著名心理学家维果茨基所说，学生归根到底是自己教育自己，在他自己身上而不是在别的任何地方发生着长期地决定他的行为的各种影响的决战，这就要求教育重心不能放在直接地改变学生的心理和行为上，而是要认真探索如何依据人的生命运动规律去充分调动学生的身心自动调节功能，进行自觉地思维创造和行为控制活动。让学生学会自我管理和自我教育，是取得最佳教育效能的根本所在。离开了学生自我管理能力的培养，教育也就失去了成功的可能。大学生自我管理是我国高等教育强化素质教育实质性的重要内容，也是教育的基本精神之所在。高度重视培养大学生的自我管理能力，最大限度地激发他们的潜在智能，让其在大学期间能学习独立思考和自由创造，懂得如何生存、怎样适应，明确创造实现自我人生价值和社会价值的目标和路径，才能真正较好地体现出教育的实质。

（二）大学生自我管理是提高大学教育质量的必然要求

长期以来，我国的高等教育过度专注于专业教育，努力构建学生的专业知识体系，而疏于学生的综合素质与能力的培养。始于 20 世纪 90 年代末的高校扩招，更加剧了中国高等教育的质量问题。

迈克尔·波兰尼（Michael Polanyi）认为："人类的知识有两种。通常被描述为知识的，即以书面文字、图表和数学公式加以表述的，只是一种类型的知识。而未被表述的知识，像我们在做某事的行动中所拥有的知识，是另一种知识。"他把前者称为显性知识，而将后者称为隐性知识。隐性知识是主观的经验或体会，不容易运用结构性概念加以描述或表现。在知识经济社会中，隐性知识的重要性日益凸显，隐性知识通过分析和整理，并将其进行系统化、载体化处理后，可转化为显性知识，这就是知识创新的过程。

我国的高等教育恰恰忽略了隐性知识教育。长期的学校教育以隐性知识的缺失换来显性知识的高积累，高强度的学习压力使学生个人早期形成的兴趣与特长受到压抑，使那些最适宜使个人获得成功的基因发生畸变。原本是多元发展的诸多个体都被强制规划到同一模式中，致使个体自身的一些天然优势逐渐弱化。隐性知识教育的缺乏是导致我国高等教育出现质量问题的重要原因之一，必然导致接受传统教育的学生普遍缺乏包括自我管理能力在内的隐性知识，使他们走入社会后难以应对各种挑战，更难以实现自我人生价值，难以获得成就与发展。

自我管理的技能是一种重要的隐性知识，隐性知识的具备是成功的关键。一个人的综合能力与智慧取决于自身的自我管理能力，因此，个体所具备的自我管理能力对于成功来说，比起所具备的具体学识和技能更具有决定性作用。学习隐性知识的唯一方法是领悟和练习，进行自我管理是强化大学生隐性知识教育、提高大学教育质量的重要措施和根本途径。

第三章

大学生的人际交往

第一节　大学生人际交往有助于自我同一性发展

在大学里，积极的人际交往可以促进自我同一性的获得，从而促进社会适应和心理健康。无论是在大学生的个案咨询中，还是在问卷调查中，结果均显示，缺乏正常的人际交往和良好的人际关系，是大学生心理健康问题的主要影响因素。自我同一性与人际交往之间的影响是交互的，积极的人际交往过程能够促进大学生的自我同一性发展。

自我同一性探索是一个痛苦的过程，我们在不断的体验中，怀疑自己，肯定自己，再怀疑，再肯定。在这个过程中，势必会经历大量的焦虑和抑郁情绪，心理上的安全感严重缺乏，恐惧未知的将来。社会心理学家所做的大量研究显示，良好的人际交往能够让人获得安全感，减少恐惧，增强自我探索未知、应对挑战的勇气。

积极的人际交往也能帮助我们确立自我价值感。人的自我价值感确立是通过社会比较过程来实现的。大量的科学研究显示，人们对于自己的能力、性格与心理状态的评价，以及对人、对事、对物所持有的看法，常常是不确定的。人们要想在这些方面做出明确的判断，必须将自身与他人进行比较。人只有在找到一个参照系，并且确定了自己在这个参照系中的位置后，才能形成明确的自我评价。也就是说，一个人只有将自己置身于社会背景中，通过将自己与别人进行比较，才能确立自我价值。如果这种社会比较的机会被长期剥夺，则会使人缺乏自我状况的社会反馈信息，从而导致自我价值感危机，并使人产生高度的自我不稳定感，而自我不稳定感又会引发人的高度焦虑。在探索自我的过程中，我们不断经历着这种自我的不确定感，不了解自己，不确定自我对职业的规划是否正确，不能确定自我与别人的相处是否恰当，甚至不能确定自己的个性是否存在问题。正是在不断与同学、朋友的沟通交流中，在种种有意无意的社会比较中，我们才能获得有关自我状况的社会反馈，才能了解自我，从而使自己的行为具有明确的方向，并使自我价值感得到确立。

大学里的人际交往能够促进群体的价值认同。有人曾经研究过全日制大学毕业生和成人教育大学毕业生之间的差异。结果显示，全日制普通大学毕业的学生，无论在对人生的理解、对事物的态度，还是在兴趣、爱好和行为方式上，都具有明显的"大学生"模式；而同等学力毕业的成人教育大学生，尽管他们也接受同样的知识教育，年龄也相仿，但是在他们身上很难找到这种典型模式。其原因在于，全日制的大学生在稳定的大学环境里生活了多年，大学的文化造就了他们相对独立于社会的共同生活背景，同学之间彼此有充分的交往和社会比较，从而使其形成一致的模式，而成人教育大学生则没有稳定的大学环境，他们的社会背景仍然是原有的工作单位，所以没有机会形成这种共同的特征。

从理论的角度来看，大学生自我同一性建立的过程离不开"集体的承认"。美国心理学家埃里克森认为，同一性的形成依赖于一种集体对个体予以认同的社会过程（往往是某些社会团体），这些社会团体承认年轻个体现在所变成的方式，而且认为变成这种方式是理所当然的。个体进入社会团体常常带着开始时的某些不信任感，但是他们若能在社会范围、集体活动中找寻到自我价值，明确自我的社会地位，则会对集体由开始的不信任逐步发展为信任。在这样的情况下，个体才会感觉到集体的归属感，形成良好的自我认同。有研究表明，积极地参加班级活动、具有团队合作能力的学生其自我同一性的发展会比较好。

良好的自我认同也能促进人际和谐。良好的自我认同是指能够理智地看待并且接受自己以及外界，有明确的人生目标，并积极地为之努力，在奋斗的过程中能体验到自我价值以及社会的承认。在整个社会日渐强调个人价值观的时候，个体追求自我实现的需要越发凸显其重要性和被关注程度，而人际和谐意味着个体与他人的彼此尊重、互利共生的关系和状态。人际交往中个体需要平衡自我和他人之间的关系，而在达到人际和谐的交往过程中，个体的自我价值和自我定位不断在调整和适应。所以，个体希望达成人际和谐，其前提在于自我价值的确立。具有良好自我认同的人不会一味地屈从于社会与他人的舆论，而和谐的人际关系，使其对人际关系有很好的适应能力和调节能力。

第二节　大学生人际交往的现状

我们曾经在大一新生中做过一个小调查："你认为在大学与同学建立良好的人际关系重要吗?"85％的人认为很重要,15％的人认为一般重要,没有人认为不重要。这说明,大学生从初入学起就已经认同了人际和谐对个人发展的重要意义了。

虽然大学生都认同人际交往的重要性,而现实却是大学生的人际交往并不和谐,大多存在一定程度的人际交往困扰。人际交往困扰是指在交往过程中,交往双方受社会、文化和心理等因素的影响而导致交往困难。在一次课堂调查中,我们采用目前已得到广泛使用、由北京师范大学郑日昌教授编制的"大学生人际交往综合诊断量表",对 168 名大学生的人际交往困扰状况进行了调查。该量表共有 28 道题目,包含四个维度,依次是:交谈困扰、交际交友困扰、待人接物困扰、异性交往困扰。调查结果如图 3－1 所示:37％的大学生人际困扰较少,而63％左右的大学生具有中度和重度的人际困扰。

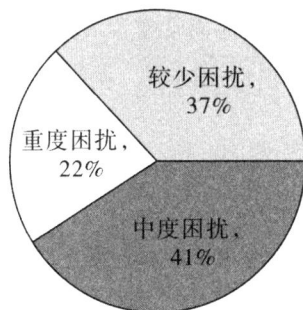

图 3－1　大学生人际困扰现状

在该次调查中发现,存在一定程度(中度)人际交往困扰的大学生大多有"交谈困扰"和"交际交友困扰";存在严重人际交往困扰的大学生,则主要有"待人接物困扰"和"异性交往困扰"。

这四个人际困扰的维度,按照人际关系的发展规律,可以归以下四个方面。

(1)交际交友的困扰,也就是人际关系建立的困扰,通常有以下三类情况:

"与周围熟悉的人有话说,但是与不熟悉的陌生人,很难建立关系"。这类问题主要在于不了解人际交往关系的优化规律和恶化规律。

"对待与自己意见不一致和兴趣不同的人，很难与之相处"。这类问题主要在于大学生不了解人际交往的原则和技巧。

"网上有很多朋友，可是在身边却很难找到能交心的人"。这类问题主要在于大学生不能很好地分清虚拟世界和现实世界的关系，常常因为现实中的人际交往受挫，转而投入到虚拟世界中去寻求安慰，但是原来的问题并不能得到解决。

（2）交谈的困扰，即人际沟通中的困扰，如：

"不知道如何与不同类型的人有效交流"或"跟有些人很容易沟通，可是跟有些人就是无法沟通"。这类问题主要在于大学生不了解人际沟通的自我状态和人际沟通的风格，由此无法灵活地运用沟通方式达成有效沟通的目的。

"不知道如何表达才能把自己想表达的内容说清楚""怎样说话才能不得罪人""很难对别人说'不'"。这类问题主要在于大学生不了解沟通的基本技能和技巧，由于以往在这些方面受到的训练较少，因此无法顺利开展人际沟通。

"明明知道自己错了，却不知道如何道歉，一段友谊就这么消亡了"。这类问题主要在于大学生不擅长处理自尊与友谊之间的关系，对道歉的影响了解不足。

（3）待人接物的困扰，即个体在与他人来往接触过程中产生的困扰，如：

"我常常被同学孤立或排斥，他们常常说我不懂人情世故"。这是当代个人价值观凸显后，在大学生中常常出现的问题，在待人接物方面，欠缺基本礼仪，较少考虑他人的感受。

"在杭州冬天那么冷、夏天那么热，我们几个室友都想均摊费用装空调，为什么她就是不同意，在很多事情上面，她总是不合群，是不是成绩太好鄙视我们？""室友们一个个都不交电费、不搞卫生，我一个人做了，却没人来分摊电费的钱。"这是寝室中常见的问题，寝室是大学生相处机会最多的场所之一，可是由于互相之间的沟通欠缺，或者待人接物之间存在的问题，寝室常常成为矛盾最多的地方。

"我们班的集体活动每次都搞不起来，组织者发起一个活动，比如春游或秋游，有些同学要么说去过了，要么不参加；组织一个唱歌的活动，有人说自己不会唱，不去；组织同学到草坪上聚一聚、聊一聊，总有同学觉得没意思，或者自己有其他活动，不肯去。总之，全班同学能组织到一起快乐玩耍的机会特别少。"这类问题主要在于大学生追求个人价值，缺乏团队合作的意识。

（4）异性交往的困扰，即个体不知如何与异性发起交往以及如何处理与异性相处过程中产生的困扰。这一维度既属于人际关系建立的困扰，又属于婚恋关系建立和相处过程中产生的困扰。

第三节　建立良好的人际关系

每个人都希望在进入一个新环境后，能成功地交到知心的朋友，与周围的人能够建立良好的人际关系。可是，在现实中，我们往往力不从心。建立良好的人际关系，首先要了解并遵循人际关系建立和发展的一般规律。

一、人际关系建立的规律

一般而言，良好人际关系的形成和发展，需要经历从表层接触到亲密融合等发展阶段。如图 3－2 所示，莱文格（G. Levinger）和斯诺克（G. Snoek）以图解的方式形象地说明了良好人际关系的建立和发展的整个过程。

图解	人际关系状态	相互作用水平
○　○	零接触	低
○→○ ○↔○	单向注意 双向注意	
⊙⊙	表面接触	
◎◎	轻度卷入	
◎◎	中度卷入	
◎◎	深度卷入	高

图 3－2　人际交往的建立过程

人际交往刚开始的时候，彼此并没有意识到对方的存在，双方关系处于零接触的状态。只有当一方开始注意到另一方，并且双方相互注意时，交往关系才开始确立，交往活动才开始全面展开。此时，如果彼此的情感不断卷入和融合，共同的心理领域就会不断扩大，良好的人际关系得以建立。

（一）良好人际关系的发展阶段

心理学家阿特曼（I. Altman）和泰勒（D. Taylor）认为，良好人际关系的发展一般经历四个阶段：定向阶段、情感探索阶段、情感交流阶段、稳定交往阶段。

1. 定向阶段

定向阶段即由零接触过渡到单向注意或双向注意的阶段。人们进入一个交往场合时，往往会选择性注意某些人，而对另外一些人视而不见，或者仅仅礼貌性地打个招呼。对于注意到的对象，人们会进行初步的沟通。在这个阶段，人们仅仅会做表层的自我表露，如谈谈自己的职业、工作，以及对最近发生的新闻事件的看法等。

普通同学和朋友大多只停留在共同的兴趣、爱好等方面，交流的层面也只涉及这些内容。

定向阶段是人际关系的准备和起步阶段。此阶段是人际关系建立的尝试，目的是对别人有一个初步的印象，使自己明确是否有必要与对方做更进一步的交往，只有在价值观念等方面具有共识时，才可能成为进一步交往的对象。因此，在这一阶段，交往双方都希望给彼此留下一个良好的第一印象，试图为彼此的人际关系发展获得良好的定向。由此可见，在人际关系建立之初，管理自己的第一印象非常重要。

2．情感探索阶段

如果在定向阶段，双方有好感，产生了继续交往的兴趣，那么交往双方就会开始角色性的接触，如打招呼、聊天、工作上的联系、学习上的帮助和生活上的相互照顾等。这类一般性的人际接触，其目的是为了探索在哪些方面双方可以进行深入的交往。在这一阶段，虽然双方都有一定程度的情感卷入，但是还只停留在个人态度上面，比如对某人的看法、对时事的评论，以及自己的一些个人性格等，还不会涉及私密性的领域，双方的交往仍会受到角色规范、社会礼仪等方面的制约，双方的交流还是比较正式的。此时，双方在一起能友好相处，离开对方也无关紧要，彼此没有强烈的吸引力。

3．情感交流阶段

如果在情感探索阶段，双方能够谈得来，并建立了基本的信任感，那么就能发展到情感交流阶段，彼此有比较深的情感卷入，能够谈论一些相对私人性的问题，例如相互诉说工作、生活中的烦恼，讨论家庭中的情况等。随着交往双方接触频率的增加，彼此间了解不断加深，情感联系越来越密切，心理距离越来越小。在这一阶段，交往双方会相互提出真实的、评价性的反馈信息，提供建议，彼此进行真诚的对话。

4．稳定交往阶段

如果情感交流能够在一段时间内顺利进行，交往双方就有可能成为亲密朋友，可以分享各自的生活空间、情感、财物等，自我表露得更深、更广，心理相容性也会进一步增加，对事物的看法与评价逐渐趋于一致，并引起情感上的高度共勉，各种信息的输入、输出不再失真，彼此成为知己好友，心理上逐渐有了依恋和融合，一旦分离或产生冲突，会出现某种焦虑、牵挂和烦躁的情绪，仿佛"一日不见，如隔三秋"。一般而言，达到这种境界的人际交往关系很少，这也是人们常说的"人生难得一知己"。

（二）人际关系恶化的阶段

人际关系的形成和发展不仅包括正向的发展——人际关系优化，而且也包括负向的发展——人际关系恶化。人能一见如故，也能反目成仇。一般而言，人际关系恶化的过程随着相互作用水平从强到弱分为三个阶段：冷漠阶段、疏远阶段和终止阶段。

1. 冷漠阶段

这是人际关系恶化的开始阶段，对对方表现出一种漠不关心的态度。具体表现为，转移了对对方的注意力，扩大双方的交往距离，不愿意与对方进行交往沟通，更谈不上情感联系了；在公共社交场合，千方百计避免与对方接触，迫不得已时的交往也是出于纯粹的客套和应酬，或者心不在焉，一副与己无关、高高挂起的旁观者姿态，甚至冷淡对方，即在漠不关心的基础上表现出更多的否定态度和行为。比如，在某个公共社交场合，不想穿过拥挤的人群向某个朋友打招呼，这属于漠视；而当那位朋友走过来想同你说话时，你却显得没有兴趣，甚至不予理睬，这属于冷淡。

2. 疏远阶段

双方力图避免接触，即使偶尔交往，往往也是不愉快的接触。人际关系恶化是从冷漠开始的，之后以疏远的形式具体表现出来，并渗透到彼此人际交往的各个角落。在这个阶段，交往双方形成了一种远离状态或零接触状态。这时的零接触并不是由于双方不认识，而是一方故意不理睬另一方。甚至在双方均出现的社交场合，也彼此避免接触，即使不得不寒暄，也是嘲弄、讽刺、挖苦对方，并且在非言语行为上也有所表现，如表情不自然、面部肌肉呆板、身体姿势不自然、交际距离扩大等。这些现象的出现，表明交往双方的人际关系已经很难维持下去。

3. 终止阶段

交往双方的冷漠与疏远的结果便是结束这种人际关系，双方处于完全断绝联系的状态。

二、人际关系建立的原则

人际关系建立的过程不仅取决于接触时间的长短和次数，还取决于在情感交流探索过程中，个体是否能遵循人际关系的原则。只有遵循了这些基本原则，人际关系的建立才能顺畅。

（一）社会互换原则

人际交往的本质是一个社会交换过程，在人际交往的社会交换过程中，不仅有物质品的交换，同时还包括非物质品，如情感、信息、服务等各方面的交换。发生在人际交往中的社会交换与市场中的交换遵循同样的原则，即人们的交往必须付出某些代价，也获得一定的奖励，也就是说，在这个世界上，除了父母会给予你无条件的关爱之外，其余的交往都是平等互惠的。没有无缘无故的爱，也没有无缘无故的恨，交往关系是否能够建立和维持下去，取决于人际交往过程中的交换是否处于平衡状态，若无法平衡则关系就会破裂。人们的一切交往、行动以及人际关系的建立和维持，都是根据一定的价值进行选择的结果。对于得大于失的人际关系，人们倾向于建立和保持，而对于那些失大于得的关系，人们就倾向于逃避、疏远或终止。

根据社会交换原则，心理学家强调，我们建立和发展人际关系的时候，无论是多么亲密的关系，我们都不能一味地利用而不"投资"。不然，原来亲密、值得维持的关系也会转化为疏远、不值得维持的关系，使得人际关系恶化。

社会交换原则启示我们，如果期望建立和发展良好的人际关系，付出应该适当，过度的付出或者不当的付出，往往会让自己感受到不平衡，或者伤害对方的自我价值感，从而导致关系恶化。

人际交往中的社会交换原则虽然遵循平等互惠原则，但是，由于人们的价值观倾向不同，人际交往中也存在着不同的社会交换机制——增值和减值交换机制。我们在日常生活中观察到，有些人彼此间的交往不再维持交往得失相对平衡和礼尚往来，而是出现双方都感到欠对方情谊，并希望为对方付出更多，且不希望对方回报的双赢局面。这类交往对象重内在情感价值，他们在人际关系中的个人情感卷入更多，具有明显的轻物质、重情义的倾向，这类人的人际交往倾向于增值交换过程。相反，有些人在交往中总感到对方欠自己的，期待对方为自己付出更多，并且不愿意对对方的付出做出回报。这类人更看重外在物质利益，在他们的人际交往中，纯粹的物质利益交换意识要多于卷入的个人情感，因此与别人的交往倾向于减值交换过程。

一般而言，在一种长期相处的人际关系中，社会心理学家建议，制定相应的规则，遵守各自的人际边界，如 AA 制等，这样往往能够使人际冲突减少，交往更持久。

（二）交互原则

阿伦森等人通过大量的实验研究发现，交互原则是人际关系建立和发展的基础。也就是说，交互原则就是人与人之间，你重视我，我也看得起你，彼此相互支持。人际交往中的喜欢与厌恶、接近与疏远都是相互的。

在日常生活中，我们每个人都希望别人能够承认自己的价值、支持自己、接纳自己、喜欢自己，这是确立自我价值感和安全感的需要。但是，如果这种需要过于强烈的话，我们往往会表现出自我中心的现象，即过分注意自我表现，吸引他人注意，处处期待别人首先接纳自己、喜欢自己。这种自我中心现象，往往会导致人际关系不能建立或者恶化，其原因就在于不是以他人为中心，没有对交往对象予以肯定和支持。因此，交互原则告诉我们，在人际交往中，倾听、注视、及时给予对方回馈、赞美对方等交往技巧对于人际关系的建立和维持是非常重要的。

在人际交往中，善于交往的人，能够敏锐并恰到好处地给予交际对象各种方式回应，你会始终感觉到自己处于他们注意的中心。他们专注地看着你，倾听你，积极理解你的用意，主动思考并尝试提出自己的见解，你会觉得被喜欢、被接纳、被尊重。每个人都有这样的需要，因此，学会积极回应他人有助于人际关系的建立和维持。

在人际关系建立的过程中，积极回应对方很重要，而"抱怨或赞美"等拒绝或接纳的态度及行为也能产生交互作用。阿伦森等人曾做过一项实验，他们安排互不相识的被试分别参加一系列合作性活动，每次活动后，有意安排一名被试（实际是研究助手）对研究者评价其他被试（真正的被试），或夸奖，或抱怨，或先贬后褒，或先褒后贬，并让各组被评价者听到，最后，让被评价者自己选择下一阶段实验的合作者。结果发现，受到表扬的被试都倾向于选择原来的伙伴（研究助手），而受到抱怨的被试则倾向于拒绝选择原来的伙伴（研究助手）。这说明，如果我们真心接纳和喜欢对方，那么对方也会倾向于接纳和喜欢我们，彼此愿意交往，并建立和维持关系。相反，一旦交往中一方表现出排斥或者不喜欢的言行，那么交往就无法深入。"爱人者，人恒爱之；敬人者，人恒敬之"，所以减少抱怨，多些赞美吧。

说起赞美对人际关系建立的作用，阿伦森等人的研究也展示了一个小技巧：研究者发现，"先贬后褒"的研究助手比"先褒后贬"的研究助手，更容易被被试挑选作为搭档。这是一种心理比较水平，人们在对待别人从不认可转变为认可自己时，往往其内在的自我价值感受也会发生变化。所以，我们可以记下这个人际交往的小技巧——一味地赞美并不能保证人际关系优化，先小小地贬低下，再赞美，能让别人更加容易接纳你。

（三）自我价值保护原则

自我价值保护，是指个体对自身价值的意识与评价。自我价值是通过他人的评价而确立的，每个人对他人的评价都是极其敏感的。对肯定自我价值的他人，个体会喜欢他，并对他予以肯定与支持；而对否定自我价值的他人则予以疏离，与这类人交往的时候，个体的自我价值保护动机往往会被激活。

当一个人的自我价值感受到威胁的时候，往往会采取自我保护措施，拒绝接受负面信息。此时，往往就容易发生冲突。

在交往中，我们需要特别注意保护对方的自我价值感，即便是最好的朋友，即便你是出于好心来帮助对方，也要时刻注意自己的言行，以保护他人的自我价值。例如，在批评他人时，擅长交往的人往往会欲抑先扬，先表扬对方正确的、良好的行为，帮助对方确立自我价值感，再进行批评，要求其改进，如此往往能够维持与友好关系。

在人际交往中，我们不仅要关注对方的自我价值感，还要反省自身的自我价值感不足对人际交往的影响。当一个人自我价值感不足的时候，我们往往会对外有更多的要求和期待。正如前文提到的，当一个人的自我价值受到威胁时，会很容易用物质自我、社会自我来武装自己。现在有一些全职家庭主妇，当她们的自我价值感不足时，她们无法通过其他方式调节心理自我，往往会把期待统统放在孩子和丈夫身上，一旦出现一些不如意，就会情绪爆发，就像我们从小常常听到的那样："我花了这么多力气在你身上，你居然这么不争气！"其实，这是自我价值感不足的表现，当一个人体会到自我价值感不足，就会激发自我价值保护动机，通过外在的方式，对环境、对他人提出更高的要求，从而达到保护自我价值的目的。再比如，大学里有这样一个现象：一般寝室里室友之间关系融洽，相处和谐，如果一开始寝室里所有人都没有男（女）朋友，那么这个寝室里的同学有男（女）朋友的时间就会比较晚；如果寝室里有一个同学与其他人相处不和谐，那么这个同学找男朋友或女朋友相对寝室里其他人就会更早。这是因为，室友关系保障了个人的归属感，让每个人在人际交往中感受到自我价值，个体也就不必急切地往外求。因此，人际交往中出现的问题，其实不是我与他人的关系问题，而是我们与自己的关系问题。所有的外在事物都是你内在的投射，就像镜子一样地反映你的内在。当外界有任何东西触动你情绪的时候，记得要往内看。如果体验到了自我价值感不足，那么请接纳当下，接纳那种不快乐的情绪，不必抗拒，不必努力去改变。因为，一个人越是想抗拒，就越是无法摆脱困境。如果接纳了自己的不足，那么就可以试试"比下有余"——要庆幸自己至少还拥有什么，在这样的困境中，自己至少还做到了什么。接下来，再做点什么把当前的困境改变一点点。

总之，在人际交往中，要保护他人的自我价值感，同时也要努力提升自我价值感，做一个内心强大的人。

三、人际交往建立的技巧

在人际交往中，第一印象对于关系的建立和维持具有重要的影响。第一印象是指当人们第一次与陌生人接触时留下的深刻印象。第一印象的作用很强，比以后得到的信息对于个体的整个印象产生的作用更强，其持续的时间也很长。第一印象主要是指性别、年龄、衣着、姿势、面部表情等"外部特征"。一般情况下，一个人的体态、姿势、谈吐、衣着打扮等都在一定程度上反映出这个人的内在素养和其他个性特征。心理学研究发现，当你与一个人初次会面后，45秒内就能产生第一印象。一般而言，第一印象首先体现在衣着穿戴、言谈举止上。《三国演义》中凤雏庞统准备效力孙权，结果孙权见庞统相貌丑陋，心中先有不快，又见他目中无人，就将其拒之门外。虽然孙权错失大谋士，但是对庞统而言，未必不是一种遗憾：原本可以建功立业，可惜因为给他人的第一印象不佳，与不世之功失之交臂。因此，在日常交往中，尤其是初次见面时，我们一定要注意给别人留下美好的印象，要注重仪表风度，衣着要干净、整齐，落落大方。

第一印象一旦形成，就会影响人们对交往对象的性格判断。美国心理学家洛钦斯（A. S. Lochins）用两段杜撰的故事做实验材料，描述的是一个叫詹姆的学生的生活片段。故事如下：

（1）詹姆走出家门去买文具，他和他的两个朋友一起走在充满阳光的马路上，他们一边走一边晒太阳。詹姆走进一家文具店，店里挤满了人，他一边等待着店员，一边和一个朋友聊天。他买好文具在向外走的途中遇到了朋友，就停下来和朋友打招呼，后来告别了朋友就走向学校。在路上，他又遇到了一个前天晚上刚认识的女孩子，他们说了几句话后就彼此告别了。

（2）放学后，詹姆独自离开教室走出了校门，他走在回家的路上，路上阳光非常耀眼，詹姆走在马路阴凉的一边，他看见迎面而来的是前天晚上遇到过的那个漂亮的女孩。詹姆穿过马路进了一家饮食店，店里挤满了学生，他注意到那儿有几张熟悉的面孔。詹姆安静地等待着，直到引起柜台服务员的注意之后才买了饮料，他坐在一张靠墙边的椅子上喝着饮料，喝完之后他就回家去了。

第一段故事中詹姆被描写成一个热情外向的人，第二段故事则把他描写为一个冷淡而内向的人。洛钦斯把这两段故事进行排列组合：第一种，先将描述詹姆外向热情的材料放前面，再将内向的材料放在后面；第二种，先放描述詹姆内向冷淡的材料，再放性格外向的材料；第三种，只出现描写热情外向的詹姆的故事；第四种，只出示那段描写冷淡内向的詹姆的故事。

洛钦斯将组合后的这四种材料，分别分配给水平相当的中学生阅读，并让他们对詹姆的性格进行评价。结果表明，第一组被试中有78％的人认为詹姆是比较热情而外向的人，第二组被试中只有18％的人认为詹姆是外向的人，第三组被试中95％的人认为詹姆是外向的人，第四组被试中只有3％的人认为詹姆是外向的人。

这个实验说明，第一印象中的言谈举止是很重要的，它将会影响我们在人际关系中的定位。在交往中，温和有礼、言辞幽默、侃侃而谈、不卑不亢、举止优雅，定能给别人留下深刻的第一印象。

第四节　人际沟通中的自我发现

人际沟通是交往双方在共同活动中彼此交流思想、感情和知识等信息的过程，主要通过言语、表情、手势、体态以及社会距离等来实现。

大学生在人际沟通中常常出现一些沟通烦恼，例如，交谈无法顺利进行、沟通无效、不能达成沟通目的等。产生这些沟通问题的原因主要源于两个方面：一是大学生带着已有的自我观念或状态与他人沟通，比如我们常常采用自身的价值观、自身生活中习得的信念，以固执的态度和特有的表达方式与别人沟通，由此导致了人际冲突；二是缺乏沟通技巧，在沟通中不了解自我和他人的沟通方式，一味采用相同的沟通方式与所有人进行沟通，这样就会出现"跟有些人很容易沟通，可是跟有些人则无法沟通"的情况。

要解决这两个问题，我们需要从两方面来了解人际沟通：一是人际沟通中的自我状态，二是人际沟通中的沟通风格。实际上，我们不仅要了解在人际沟通中的自我状态，认识自我的沟通风格，同时要了解别人在沟通中的自我状态与沟通风格，掌握人际沟通中的自我状态互动技巧、应对不同沟通风格个体的互动技巧以及自我调适技巧，从而实现良好的人际沟通。

一、人际沟通中的自我状态

交互作用分析学派认为，人在沟通中有三种心理状态：父母态、成人态和儿童态，处于何种心理状态将决定我们会有什么样的行为。

父母态是指沟通时的行为表现和想法表现出保护、控制、呵护、批评和指导的倾向，这主要来自父母和权威人士的形象。也就是说，在我们小时候，父母怎么样抚育和疼爱或惩罚与指责我们，长大后我们就会用同样的方式去关爱和处罚别人。

成人态是指在沟通时认真负责地对待当下发生的事情，同时分析情境以及对方和自己的角色，并做出适宜的反应。当个体处于成人态时，他会把自己定位为理智的帮助者，搜集信息，并处理问题；他会领导处于父母态和儿童态的人一起想办法解决问题；他情绪冷静、理智和客观，既不挑剔别人，也不会冲动任性；在与他人沟通时，能够平等沟通，他能面对问题、了解事实，并能思考问题、理智分析。成人状态在社交过程中是必需的，但并不是最好的，有时候成人状态会显得比较乏味。

儿童态是指沟通时的行为和想法表现为感情用事，做事不考虑后果，而且情绪不稳定，容易受到影响。这种自我心态可能是本能的、依赖性的、创造性的反省，如同真正的孩童一样。

（一）人际沟通中自我状态互动

在沟通中，人们采用不同的状态与他人互动，形成三种不同的沟通类型：互补（或平行）沟通、交错沟通、隐藏沟通。

1. 互补（或平行）沟通

互补（或平行）沟通是指提问和回答的内容是对应的。由于双方状态使彼此的期待都可以得到满足，因此谈话是愉快而顺畅的。

甲问："几点了?"

乙答："七点了。"

甲问："你能在九点前把这项任务完成吗?"

乙答："如果没有什么干扰，我想是能够的。"

在这样的交往类型中，双方都能以理智的态度对待对方，这样会让双方产生信任感。这样的交往过程既表达了期望和托付，也表达了双方对彼此的尊重，同时信息也说得很清楚，可以由每个人自己来判断和决定。

甲作为上级对乙说："这件事完不成要受批评。"

乙作为下级回答："真完不成，我甘愿接受批评。"

在这种交往类型中，交往双方表现为权威和服从的行为，即甲方以长者自居，乙方亦能接受并顺从。这样的交往模式一般发生在关系比较亲密、互相信赖的双方之间，且交往过程能让彼此心情愉悦。

甲说："如果你输了，就把那个限量发行的跑车送给我!"

乙说："你就知道我要输? 如果你输了，那就请把你送给我!"

在这种交往类型中，甲、乙双方都处于儿童态，期望对方作为父母态而表现出一种服从的意向，双方以谈判的姿态出现，互相设定规则，互相信赖对方能实现自己的承诺。这类情况在同学和朋友之间经常发生。

2. 交错沟通

交错沟通是指提问和回答是交叉的。由于双方所预期的自我状态是不一样的，因此会使人产生不愉快的感受，而使谈话中断。

甲说："你能把这个任务完成一下吗？"

乙却说："你看不见我正忙着吗？找别人干去吧！"

甲以成人态发起沟通，而乙则以父母态给予回应，于是有了情绪和指责。乙的沟通方式像是一个父亲或者母亲在指责孩子，于是双方沟通受阻，有可能会不欢而散。

甲说："今天做不好就不能下班！"

乙说："好，你来做啊，我倒要看看你怎么做的。"

甲说："干不了，就别干！"

乙说："我就不干了，还不行吗？"

在这种交流类型中，甲处于命令型的父母态，而乙不服，以同样的父母态反击。这种交流方式必然会引起矛盾和冲突，不仅对于问题解决于事无补，反而会引发更大的冲突。

甲说："既然你我观点不同，那干脆分手。"

乙答："分手就分手，谁离不开谁呢！"

在这种沟通中，甲的情绪冲动以儿童态的形式发作，他期待乙能用父母态来安抚他，或者采用成人态来理智地解决问题，然而乙同样怒发冲冠，以儿童态予以回应，互不相让，不为解决问题，只为意气用事，即使错了也不会认错。

3. 隐藏沟通

隐藏沟通是双重信息的传递，也就是将自己的期待藏在话里，希望别人可以懂得，如果隐藏的心理讯息被了解与接受，双方可能沟通愉快，否则就会有不舒服的结果发生。在信息传递的过程中，一个方面是明显的信息，它属于社交层面的信息；另一个方面是暧昧的信息，它属于心理层面的信息。通常，社交层面的信息都是成人态对成人态的内容，而心理层面的信息则多半是父母态对儿童态，或者是成人态对父母态的内容。

甲说："我这次演讲还不错啊，进决赛了。"

乙说："2 班有好几个同学也进决赛了。"

表面上，甲乙都在以成人态沟通，但实际上乙的沟通语言还有潜台词："进决赛其实也挺容易的，没那么了不起。"

这个在家庭中常常出现，当我们开心地回家告诉爸爸妈妈自己的成绩时，有的爸妈会说："隔壁小王考了 90 分，小张考了 100 分。"这貌似是成人态对成人态的对话，实际上却是父母态对儿童态的指责。

了解人际沟通中的自我状态，有助于我们在交往中有意识地察觉自己和对方的心理状态，做出互补性或平行性的应对。在沟通中，刺激与回应互补，沟通就能适当，双方就能得到抚慰；而交错沟通，即刺激和回应的状态交错，若发出刺激者没有得到预期回应，则会感受到挫折。

（二）三种长期处于常定状态的人

根据伯恩（E. Berne）的理论，两个人在相互交往时，会采取三种心态中的一种自我心态。一个心理健康的人，三种状态均发挥作用。在生活中经常遇到一些固定角色者，在沟通中喜欢采用固定的自我心态。他们有的受到了学校、家庭或环境的影响而成为父母态、成人态，有的个体孩童时期的特征还存在，于是会采取某种固定的角色。如果三种状态中的某一状态出现常定状态，则表明个性出现严重问题。

长期处于父母态的人很喜欢批评别人，或提出建议强迫别人接受，要不就是喜欢干涉别人的生活，同情心过于膨胀把别人当孩子一样照顾。常见的用语有："我敢肯定，你不能成功……（价值判断）""你有什么了不起……（藐视）""你真笨……（评价）""我奉劝你……""我告诉你……""我命令你……"等。

小 F 学习成绩优秀，又是学生干部，但人际关系较紧张，不仅与寝室同学相处不好，而且与班上许多同学也无法交往。在同学们的心中，他虽然优秀，但是傲慢、清高，大家都对他敬而远之。小 F 为此也特别头疼。有次上完某教师的课，同学们纷纷抱怨该教师照本宣科，课堂枯燥无味，以后有机会就旷课，小 F 打断大家说："学习靠自己，你们这样是给自己的懒惰找借口。"小 F 还抱怨说只要是他主持的活动项目，同学们似乎都有意不参加，好像故意与他作对，而同学们则认为小 F 组织的活动基本不为大家着想。有次全班集体活动，有人提议去风景区，有些同学附议，而小 F 据理力争要把活动安排到敬老院献爱心，他说："做志愿者能够让我们班集体活动更有意义，你们怎么一个个就知道享受!"结果讨论会不欢而散。学习上，同学们向他求教的时候，他讲完后，总是给一句："拜托上课认真听，这么简单的题目也来问我。"时间一长，同学们都不愿意跟他交往了。

小 F 对自己的人际关系状况也感到不满意，感到孤独，甚至焦虑，但是无从着手。当他来咨询的时候，提到他处理与同学关系的沟通状态，他说："他们不够上进，不努力，我需要批评他们，激励他们。"

在与小 F 的沟通中，他的自我状态处于一种父母态，喜欢批评人，强迫别人接受他的命令。虽然他的本意是好的，但是用控制和命令的方式表达出来，把别人当孩子，这让同学感到很不舒服，长期下去，同学只能对他敬而远之。

小 F 之所以有这种父母态，是因为他觉得自己目前的优秀是他足够努力的结果，而其他的同学不如他努力。

小 F 的调整应该从改变自己的思维方式开始，这是一种"我好，你不好"的心理定位，小 F 不能总是以一种自以为是的"成功者"心态居高临下地指责和命令同学。在与同学之间的沟通中，首先应该摆正定位，即"我好，你也好"。小 F 需要明白每个人都有自己的长处和优势，当然相应的就有自己的短处和劣势，虽然小 F 很优秀，但是毕竟也有一些不如别人之处，像人际沟通能力就远远不如其他同学。因此摆正心理定位很重要，正视别人也有优势，劣势只是一时的，会让自己用一种平等的心态来交往。其次，小 F 需要调整自己的沟通方式，从"父母态"向"成人态"转化。同学之间更多的应该是平等和理智的沟通，例如同学们因为课程枯燥而想旷课的问题，小 F 可以理智地表达："虽然这个老师教得确实不好，但是，这门课如果放弃了，可能会影响以后专业课的学习。我们可以试着一起努力，要么组成学习团队，自学自助，要么向老师提提建议，改善下这门课的授课方式。"

长期处于儿童态的人，就算是年纪很大了，他们的言谈举止和思想行为等各方面仍然像一个孩子，没有主见，凡事依靠别人的时候多，经常还不肯承担责任，做事流于冲动，生活上需要别人照顾和庇护，与人交往时，喜欢引人注目，赢得赞许。常见表达如："真漂亮""好好玩""真烦人""我听你的""你能告诉我怎么办吗""我好慌啊，不知道如何是好""为什么她分数那么高，而我只有这么点""我爱怎么做就怎么做，你可管不着"等。

小 Y，大二学生。一直都觉得周围的人不喜欢他，对他不满。两年来，几乎没有朋友，同学也鲜有来往，他常感到寂寞，但从内心来讲他渴望交朋友。

一开始，小 Y 和同学们还是有来往的。一次看到几个同学在忙碌，小 Y 便问有什么喜事，同学们说正在为一个同学准备生日聚会，问是否愿意一起去，每人要出 30 元。他说："这么贵啊，要是 20 元就去了。"同学们都用诧异的眼光看着他，自那以后，同学们搞活动都不愿叫他了。

有一次，有一个同学因为小 Y 帮助了他所以要请客答谢。在饭馆等同学的时候，小 Y 觉得很饿便自己先点了一份面条。结果这位同学来了以后非常生气，并责问小 Y："你是不是以为我请不起？"但小 Y 说："我饿了，要吃东西，你请你的，我吃我的，这有什么关系？"俩人不欢而散。

还有一次，他的室友和他一起参加会计考试，一开始俩人还凑一起讨论题目，共同复习，但是小 Y 常常说："哎呀，我不行了，什么都不会，你怎么那么厉害，你不许再看书了，得等等我的进度。"时间一久，室友就不愿意和他讨论，更不愿意和他一起复习了。

小 Y 在沟通中的自我状态处于一种"自由的"儿童型，这种状态消极的一面就在于，以自我为中心，有时会过度挑战规则和传统。像小 Y 说到聚会出资的话——"这么贵啊，要是 20 元就去了"，这其实就是在挑战群体规则；自作主张点餐，其实是以自我为中心的表现。

小 Y 的言谈举止、行为表现就像个孩子。小 Y 之所以会出现这样的儿童态，是因为他被情绪支配了。当他遇到事情的时候，第一反应总是自己想要什么，而不去考虑别人想什么，或者别人的感受。这是一种典型的自我中心表现。小 Y 的这种状态，需要遇事多冷静分析，避免感情用事，并且多想想别人的感受，多思考怎样表达才能让自己和别人都达到良好的状态。

长期处于成人心态的人喜欢纯逻辑思维，他们做事非常理智，很少讲感情，看起来很冷血，生活中缺少幽默，时间安排得满满当当，与他们相处乏味无趣。常见用语有："我觉得……""我建议……""我认为……""这样会更加不利……""客观地说……""我们一起想办法……"等。

小 G 是个大一的女生，她各方面表现都不错，但不知为什么总没有亲密的好朋友。室友跟小 G 抱怨男朋友总不记得她的生日，总是要等她打电话等，小 G 认真地听完后，说："从你所描述的情况来看，你觉得你男朋友对你的爱不够深，然而从你的个性来看，你是不会跟他分手的。"室友目瞪口呆，讪讪地走开了。

小 G 是个规划感很强的学生，她进入大学前向周围的大学生了解到大学里的情况，给自己的大学生活做好了各种规划，诸如专业学习、课外阅读、社团活动等，每日活动安排得满满的。刚入学的时候，还有同学约她一起自修、一起吃饭，但是后来小 G 的安排满满当当的，跟同学之间的时间鲜有交错，同学都觉得自己拉她一起吃饭或自修，都要赶着她的时间，或者让她迁就自己，于是慢慢就与她疏远了。

小G在沟通中的自我状态处于一种理智的成人态，以这种状态为主的人，看起来很冷静、聪明，但是冷静过头了就会显得冷血，会让人只敢仰慕而不能亲近。室友对小G的抱怨，实际上她只是希望找个人诉说，宣泄下情绪，小G冷静而正确的分析让室友的情绪无从着陆。亲密感，是在分享情绪事件的过程中得到共鸣而建立的。面对室友的抱怨，小G可以回应她的情绪，如"你男朋友总这样，你是不是觉得很郁闷？你也希望他主动打给你，对吗？"这句回应就是把室友的话重复一遍，改组一遍，但是室友会感觉到，小G在耐心倾听，而且能够理解她。

小G把自己的时间安排得过紧也是一种过度的成人态，人和人的交往需要频率来逐步建立，一起去食堂吃个饭，一起自修，或一起走走聊聊，看似是很无聊的举动，但是正是通过这样放松的时刻才建立了亲密感。小G需要把成人心态放低一点，试着让自己放松放松，把时间规划得不那么满，允许自己的感情适当宣泄，这样就不会显得那么无趣，也有时间与朋友交流。

总之，我们在与人沟通的时候通过面部表情、说话音调、语句结构、姿态行为等表现出不同的自我状态。这三种自我状态表现的比例不一样，有时候某一状态会成为控制我们人格的主体，使我们在人际交往中表现出父母、成人或儿童的人格特点。从以上分析我们不难看出，单独发展自我的任何一种角色心态，都会使自己的性格发展不平衡，这又直接影响我们的人际关系和谐。因此，我们需要调整自己，使自我的三种状态保持平衡。

二、人际沟通风格倾向

在生活中，我们常常发现，有些人就是和我们很投缘，交流起来很顺畅，而另外一些人则是刚好相反，我们很容易与他们产生纠纷、误会、排斥。有时候，我们会戏谑地说，八字相克或者星座不合。命理学或星相学是我们企图了解彼此交往方式的一种方法。西方心理学家布莱顿提出人际沟通风格理论，这有助于我们更直接地在交往中认识自己和他人的不同人际沟通风格，从而与之积极相处。

人际沟通风格是指人际交往中，个体所表现出来的一贯的方式或沟通习惯。每个人都有独特的沟通方式，这种方式往往是比较稳定的。人际沟通风格包括两个指标：果断力和反应力。

果断力是一个人外在行为所表现出来的果决与操纵的程度。果断力一般有正负两个方向，即直接与间接，如精力旺盛或不太旺盛，走路快或慢，手势有力或无力，说话快或慢，声音响或轻等。

反应力是一个人在行为态度上所表现出来的情绪化反应与程度。反应力也有两个方向，即感性与理性，如情感外露或隐藏，表情丰富或较少，注重人的因素或关心具体工作，时间管理能力强或弱等。

将维度与方向两两结合后可以形成四种类型：支配型、表现型、分析型和随和型，如图 3－3 所示。这四种类型又常常以四种动物的形象来代替：老虎、孔雀、猫头鹰、考拉。

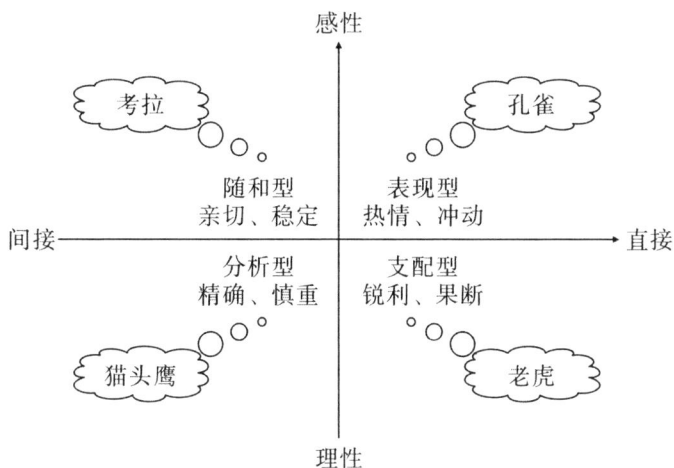

图 3－3 人际沟通风格

四种沟通风格的人的性格特征各不相同，他们有着不同的沟通风格特点、沟通技巧及自我调适技巧。

（1）支配型的人有高度的果断力、低度的反应力，个性紧张，喜欢掌握权利，擅长掌握，属于"闯天下型"的人，又称为老虎型。这类人是天生的领袖，代表人物如撒切尔夫人。他们对改变有迫切的需要，追求工作效率和支配地位。他们的优点是善于管理，主动积极；缺点是缺乏耐心，感觉迟钝，反感优柔寡断。他们在沟通中显得过于严肃，对人缺少同情心，显得功利心过强。习惯用语："别拐弯抹角，告诉我你的计划是什么？""这件事交给你处理，但我要随时掌握状况。""你应该这样做……"

沟通技巧：支配型的人关注点在"结果和效率"。因此，与这类人沟通，不要流露太多情感，不用太多寒暄，要直奔主题，直接说出你的来历，直接告诉他你的目的，要节约时间，需要提供战略、目标、行动计划、进程、解决办法之类的话题，提问要问一些封闭性的问题。此外，在沟通过程中，要与支配型的人有强烈的目光接触，身体略微前倾，并且声音洪亮、语速比较快，这样显得比较有信心，能得到支配型人的认同。

自我调适技巧：支配型的人应该学会放松步伐，放慢行动，多点倾听，学会说"对不起"。

（2）表现型的人有较高的反应力、果断力，个性热情外向，擅长社交，在团体中是属于"外交型"的人，又称为孔雀型。这类人善于劝导，看重与别人的关系，喜欢广受欢迎，希望能得到别人的认同，在团队中有激情，往往是个创新与喜欢寻找刺激的人，有一颗年轻的心。这类人的缺点是虎头蛇尾，没有条理，自我管理能力太差，废话太多，容易冲动。习惯用词："我觉得……""我有个点子，你觉得怎样？""别管细节了，告诉我大概的状况就好了。"

沟通技巧：表现型的人关注刺激和创新，与这类人沟通时，要表现出对他们的关注及兴趣，例如用倾听的姿态、赞赏的眼神与语言表达对其各类表现的赞赏，在打断他们的讲话之前，对他们好的说法要加以肯定。表达型的人的特点是只见森林、不见树木，在沟通过程中，应该更多从宏观角度去说，如"你看这件事儿总体上是……""最后是……"由于表达型的人不注重细节，甚至有可能说完就忘了，所以最好在达成协议的时候，来个书面确认，这样可以提醒他。

自我调适技巧：在沟通的时候控制时间与感情，试试有逻辑的思考方式，尝试训练自己的专注性，专心只做好一件事情，试着更客观地看问题。

（3）随和型的人有高度的反应力，果断力却不足，个性平易近人，喜欢和别人共事，擅长协调性的工作，属于"行政型"人才，又称为考拉型。这类人的优势在于恪尽职守，善于倾听，替人着想，希望能被人接受，喜欢稳定的生活，更看重团结的氛围与归属感，且这类人低调、随和、镇定、耐心、乐于知命。这类人的缺点在于缺乏目标感，迁就，被动，害怕突然的变革，感觉迟钝，过于敏感，缺乏主见。习惯用词："我喜欢和你一起工作。""我会尽全力帮你。""我们一起搞定这件事情。"

沟通技巧：随和型的人强调关系和忠诚，因此，在与这类人沟通的时候，首先要建立良好的关系，尽量营造友善的环境氛围，减少他们的戒备，时刻充满微笑，否则随和型的人会想："他为什么不笑了？是不是我哪句话说错了？"说话要慢一些，要注意抑扬顿挫，不要给他压力，要鼓励他，去征求他的意见，如"您有什么意见或看法？"如果你问他，他能说出很多非常好的意见；如果你不问的话，他基本不会主动去说。他们对亲情、友情方面的话题更感兴趣。

自我调适技巧：少一点对人过度的在意和敏感度，有时候要学习说"不"，冒点风险，授权给他人，接受合理的改变。

（4）分析型的人的反应力和果断力都较低，个性轻松、自在，凡事细细琢磨，属于"治天下型"的人，擅长做决策，又称为猫头鹰型。这类人做事情讲求条理，善于分析，追求精细准确，一丝不苟，做事有计划，反感盲目行事，沟通中关注细节与过程，对他人怀有深深的关怀和同情心。此类人的缺点是追求完美主义，犹豫不决，行动力差，拖拉。这类人是天才，亚里士多德曾经说过："所有的天才都有猫头鹰的特点。"习惯用词："告诉我事情的来龙去脉。""你指的究竟是什么？""我们已经仔细研究过所有事项了。"

沟通技巧：这类人关注"细节与进程"，他们更喜欢书面沟通，并配以事实、数据、图表、符号、附件说明等，沟通前最好给他们准备时间，他们不喜欢仓促行事，更喜欢有计划、有步骤的安排，与这类人沟通时，尽量用准确的专业术语。此外，对这类人不要有太多眼神的交流、身体的接触，尊重他的个人空间。

自我调适技巧：分析型的人应该试着对他人表达关怀及赞美，把规则、政策作为指导，而不是不变的律法，有时候可以试试更快速的方式，也可以试着接受新点子。

《西游记》中孙悟空三打白骨精的故事，唐僧师徒四人的表现可以帮助我们来理解四种沟通风格。

一心想吃唐僧肉的白骨精，见孙悟空不在，化作一个美少妇，想趁机掳走唐三藏。八戒见了美少妇，使尽浑身解数搭讪，想讨人家欢心。正在此时，悟空化斋回来，见了白骨精抡棒就打。唐僧见状，立即喝止悟空。但悟空见了妖精岂能不打，一棒结果了美少妇的性命。唐僧急了眼，"好你个滥杀无辜的猴子"，立刻念起了紧箍咒。沙和尚见状，立刻向唐僧求情："师父，大师兄也是为了保护你，大师兄做得对呀。"唐僧虽宅心仁厚但坚持原则，滥杀无辜必须惩处，遂把孙悟空逐出了师门。悟空一个筋斗飞走，跑到一边很伤心。沙和尚又追上来安抚："大师兄，师父撵你走，也是出于无奈，师父做得对呀。"

　　唐僧为何如此坚持原则，没有证据绝对不相信悟空的判断呢？悟空为何不能屈服，非直来直去见妖就打呢？八戒为何见了异性就走不动道儿，非要讨人家欢心呢？沙和尚为何刚说师父做得对，又说大师兄做得对两头儿当好人呢？基于沟通风格类型来看，唐僧属于猫头鹰型（分析型），孙悟空属于老虎型（控制型），猪八戒属于孔雀型（表现型），沙和尚则属于考拉型（随和型）。

　　需要注意的是，我们的人际沟通风格随着年龄的增长和阅历的丰富会发生变化，比如目前你是孔雀型，但是也许十年后你会成为考拉型。这与个人所处的环境有关，也与自我成长有关。

　　为什么我们和某些人投缘，和某些人容易起冲突呢？原因就在于人际沟通风格的互补性和冲突性。从长远合作及出成就的角度来看，一般而言，在四种沟通风格中，猫头鹰型和老虎型风格的人可以互补，因为老虎型的人关注结果和效率，而猫头鹰型的人擅长细节和过程。虽然这两类人在开始磨合的时候容易起冲突，但是长期合作搭配能够有成就。考拉型与孔雀型的人也可以互补，考拉型的人关注关系和忠诚，孔雀型的人关注创新和刺激，孔雀型的人可以负责开拓外交，考拉型的人则可以负责安排好大后方。老虎型和考拉型的人最容易起冲突，这主要是因为老虎型的人直截了当、直奔主题，而考拉型的人则害怕这种直接的面对。这两类人的沟通更容易发生冲突。

第五节 人际交往过程中的常见问题

一、寝室中的人际关系

进入大学后，寝室就代替了家庭成为大学生每天生活、学习的主要场所，寝室氛围是否和谐直接关系到大学生的学习、生活、心理健康等方面，寝室人际关系成为大学生最重要的人际关系之一。寝室人际关系是指寝室成员在共同学习生活中结成的以精神关系为主要内容，以语言、思想、知识、情感为媒介的交往过程中相互结成的关系。寝室人际关系是一种独特的人际关系，寝室对大学生而言不仅是休息、学习的场所，更是一个小家庭、小社会。几个陌生的年轻人天南地北聚在一起，相互了解、相互帮助、相互适应，共同生活和学习。寝室人际关系对于大学生的成长具有特别重要的意义，良好的寝室关系对大学生的学习、身心健康以及人生观和价值观的形成都有较大的促进作用，像每年考研的时候，总是会有一些考研成绩优异的寝室。然而，不良的寝室关系也常常存在，大学生在刚进入大学的时候，常常要花大量的精力来处理寝室之间的人际关系。有研究调查显示，大学生对寝室人际关系的主观体验大多数倾向于满意，但是仍有三分之一的人倾向于不满意，他们将不良的寝室人际关系归因于室友，采用的应对方式以沟通、包容、忍耐和回避为主。

影响寝室人际关系的因素很多，其中个体因素起主导作用。在大学里，来自全国各地的学生聚集在一起，他们有着不同的风俗习惯、生活习惯、饮食习惯，不同的人生观、价值观、道德观，不同的家庭经济背景、教育背景，还有不同的兴趣爱好，是否为独生子女，以及城乡差异等，这些差异决定了大学生在为人处世、言谈举止上存在差异。在一些不同班级、不同专业，甚至不同年级混合的寝室里，寝室成员的作息时间不同步，更容易引发冲突。这些冲突如果得不到妥善、及时的解决，日积月累下去就会爆发，严重危害宿舍人际关系的和谐，在关系紧张的宿舍中，甚至打扫卫生、物品归置这样的小问题也能成为争吵的导火索。

这是一个真实的寝室故事，寝室成员反映这个女孩子不合群，我们从这个女孩子的角度来听听她的想法。

人们都说：大学就是社会的一个缩影，现实、残酷。进入大学之后，我还来不及高兴，新的问题就接踵而至。最大的烦恼就是贫富差距太大了，远远超出了我的想象。随之而来的就是社会交往、生活学习中的各种问题。尽管高中的时候，我读过不少关于大学生活的文章，再加上学长、学姐们的"苦心教导"，有了一定的心理准备，但是现实的差距还是让我这个穷山沟的女孩有些抬不起头。

那时我们新生住的是五人间的公寓式宿舍。而我们宿舍里的另外四个同学都是从小在城市里长大的孩子，自然是见多识广，而且穿的、用的都是名牌。这样一来，我多少就有些不合潮流了。因此，您可以想象一下，穿的都是亲友的孩子穿剩下的衣服、朴实得不能再朴实的我，在她们面前是什么感受。

我现在还记得，刚来的时候，她们都是在全家的陪伴下，乘坐着私家车而来，一家人其乐融融地沉浸在开学的氛围中……他们谈论最多的便是如何去改善寝室条件，如装饮水机、装空调等。她们热火朝天地进行，而我则像一只受惊的小猫，躲在一隅，为她们的高要求、高标准而惶恐。住惯了土坯、瓦房的我，初到这里，感觉这哪像寝室，分明是天堂。寝室里够齐全了，不需要再添置其他东西了吧！我用微弱而颤抖的声音在乞求商量，但被坚定地否决了："这里夏天很热，冬天很冷，没有空调怎么生存？必须装。"

我默默无语，要知道，在我的家乡，夏天最高温度达到四十多度，而我们顶着最毒最烈的太阳，日未出则作，日落久矣还未息，连风扇都舍不得开，我们不是照样生存了吗？我甚至连学费都是借来的，身上哪还有多余的钱来购置这些奢侈的大件，我哭了，绝望地哭了，那一夜，我辗转反侧，直至天明，都无法入眠……

开学后，首先迎来的是军训，但我也因此似乎成了异类。她们都像发现新大陆似的惊异于我怎么什么都不涂不抹，连防晒霜也不用，而我只能苦苦地笑一笑，我不知道该如何去回答，去解释。

军训在繁忙而充实中度过了，我得为未来打算了。首先，我深刻意识到必须解决生存问题，为了生活费以及下学年的学费，我要拼命去做兼职。校内、校外我一共做了好几份兼职。有一天做兼职，遇到台风带来的强降水，不但衣服湿透了，脚后跟和大脚趾头上磨出的水泡，因长时间浸泡在漫过膝盖的水中，火辣辣的……兼职是不容易的，无论多么努力，主管总会鸡蛋里挑骨头，女孩子脸皮薄，但主管不相信眼泪，而我也尽量不给自己流眼泪的机会。

　　每次工作完毕后，天都已黑透了，但为了节省点车费，我选择步行，走在黑漆漆、空荡荡的路上，心里总是涌起太多的苦楚、委屈与辛酸……选择去做兼职，我心里满是无奈，因为它不仅耽误我学习的时间，还令我身心疲惫……但为了生存，为了生活，为了减轻家里的负担，我必须得违心地去做，我别无选择。

　　与我相比，妈妈更苦，她因只字不识，只能干体力活。什么脏活、累活全包了，甚至没日没夜地拿生命在消耗，受的苦与累令我一想到，心都会发颤……

　　我和室友相处，总觉得有隔阂感。虽尽力想去融入她们的世界，可实在太难，对于她们经常谈论的明星、高档奢侈品、娱乐等，我了解甚少，几乎插不进去话。而她们对我的行踪，也觉得怪异。我因兼职占用了学习时间，所以必须抓紧一切时间去努力学习。一般我会起得很早，然后去图书馆早读，所以有时候会打扰到她们睡眠。并且只要一有空，我就去图书馆看书，除了晚上，平时待在寝室的机会很少。所以我与室友的关系没有"家人般"的亲密感。但我其实也很想和她们像家人般愉快地、亲密地相处。

　　这个来自贫困家庭的女孩子，她有强烈的自尊心，因为贫困她无法和同寝室的室友达成共同的物质享受，可是又不愿因为贫困让别人看低自己。因此，在强烈的自卑感中她努力地打工和学习，这让她无法融入寝室生活中。说实话，作为一名教师，看到这样的叙述，笔者是心疼的。很多情况下，笔者也无法客观地做出一些好的指导。于是，笔者曾经问班上的学生，作为同龄人，你们看到这里想到了什么？

　　有个学生这样回答：

　　我很难去评价或者建议这个女生应该做出什么样的改变，因为这样往往会有一种事不关己的上帝视角的感觉。在我的大学生活中，见过很多山村出身的同学，并不完全像她这样拥有深深的自卑感，不能融入寝室关系中。他们有的活泼善谈，也不忌讳谈到自己的家乡和出身，有的安静寡言，就和这个案例中的主人公一样。我觉得他们的区别就在于自卑感，案例中的女孩子可能觉得自己的贫困很可耻，是不应该和室友提及的？

　　我觉得这个女孩子需要一个和室友们推心置腹谈一下的机会，谈谈自己为什么行踪怪异、为什么开学的时候对装空调等觉得为难，谈一下自己也很想跟大家好好交流，要让室友们知道，"我"并不是不愿意和大家交流。接下来她也可以在周末的时候跟室友们约在图书馆一起学习，当然这一点可能期末的时候比较有效。

我觉得案例中的女孩可能是不幸的，但是她可以这样思考，相对于母亲，她已经很幸运了，她能够在大学校园里学习，并且为了未来付出努力，奋力改变自己的命运。我很心疼这个女孩子，并且真诚地希望几年后的她能够笑着面对自己的过去，拥有幸福。

还有个学生这样说：

原来，每个人怪异的背后可能都有不被人知的苦衷。如果单从她室友所叙述的她的表现来看，我觉得她确实挺不合群的，好像很孤傲。下次，遇到这类同学，我要好好地了解她、关心她，而不是把她推得更远。

从她的叙述中，我发现她有种深深的绝望感，贫穷的重担压在这样一个女孩子身上，确实会让人感到自卑，特别害怕被人同情，被人看不起，越是自卑越是要武装到自负。但是，这种情况下，应该打破这种武装，她需要一个契机接受现实，接纳现在的自己，然后跟室友好好沟通下，改变自己。这样环境改善了，心里安定了，才能更好地学习和打工啊。说不定，她跟室友沟通了，室友不但不会看不起她，反而会更加佩服她呢。

从以上两位同学的建议来看，我们会发现，这个问题看起来像是贫富差距引起的寝室关系问题，而实际上却是自我接纳在作祟。当一个人能够做到自我接纳时，他才能够面对现实，摆正自己的定位，不因某些方面强于别人而骄傲，也不因某些方面弱于别人而妄自菲薄。此外，他还应该拥有这样一种信念："贫富，是父母创造的，自己只有努力拼搏，学好专业知识，有一技之长，才能取得属于自己的成就。"

寝室成员之间的关系融洽需要敞开沟通。有研究发现，缺乏自我表露是导致寝室人际关系紧张的重要因素。一个和谐寝室氛围的打造，需要成员之间掌握沟通的艺术，相互理解，相互宽容，慢慢磨合，最大限度地缩小各种差异带来的矛盾。良好的沟通可以帮助成员合理地疏导不良情绪，比如案例中的女孩，如果她能跟室友沟通自己的情况，那么室友肯定能理解她的不容易，会给她更多的正能量的支持。若能够在一天忙碌的学习和打工后，回到温暖的寝室，那将是一种多么美好的感觉。交流有助于友谊和信任的建立，有了厚实的感情基础，很多矛盾也就能迎刃而解了。

除了个体背景的差异会导致寝室成员间关系紧张外，还会因为小群体的互动规律和人际边界不清而导致寝室关系紧张。

在寝室里，我作为唯一一个外专业的女生，很想融入其他三个女生的圈子。进入大学后，在寝室里，我努力做一些事情来让自己有存在感。卫生间的卫生一直是我在搞，电费没电了，我去交。一开始，她们对我很热情，还让我做寝室长。可是后来时间长了，我也有怨言了。卫生搞搞没什么，可是电费总是我一个人交，她们从来都不均摊，长期下来，我也有点承受不了。我明示、暗示了好多次，可是就是没人响应。我就借机躲出去，尽量不用电，在每天泡图书馆的日子里，我遇到了现在的男朋友。然而，这并没有缓和寝室的关系，她们几个人要么男朋友不在本地，要么没有男朋友，对我有男友这件事情经常明嘲暗讽，电费的事情，就更变本加厉了。寝室里没电了就对我说，"寝室长，要交费了。"我只好无奈地又去把费用交了。

现在，我越来越加入不了她们的话题了，她们经常聊自己专业内的问题，我偶尔插一句，她们就说"你不懂就别乱插嘴了"。在寝室里，我就像个老妈子，只能做事情，没有发言权。我该怎么办？

这个女孩子的故事，很多同学对此表示同情和愤怒，他们同情这个女孩子的遭遇，愤怒于其室友的行为。有一些同学说："哀其不幸，怒其不争。"

其室友之所以会形成联盟孤立这个女孩子，首先是因为专业的差异，她们更多在一起学习、活动，作息也相对一致，共同的语言也比较多，久而久之，她们形成了小群体。依据小群体互动理论，一旦小群体形成，就会产生一些无形的群体规范，如沟通上的共同语言、对群体外他人的态度一致等。就电费这事儿来看，如果单独与小群体的每个人来谈这件事情，她们会表示不好意思，因为这样的方式确实不好，但是如果是群体共同的行为，她们往往会觉得自己没错。

其次，长期相处的人际关系要保持和谐需要建立人际边界。像共享的物品、水电费、卫生等，一次两次那是朋友间的互助，能增加彼此间的友谊，但是长期下来，一方若持续不断地付出，则会觉得压力巨大，甚至感到委屈，而且对方也未必会感激，反而会认为这是理所应当的，这就是社会互换原则。因此，在寝室人际关系建立初期，寝室成员一般要约定好 AA 制共享的资源和费用。

最后，沟通才能解决问题。这个女孩子可以自己主动去跟每一位室友单独沟通水电费的问题，打破小群体效应；如果不行，再找辅导员或教师等权威人物来调节。

在寝室生活中，沟通是关键。小 P 这样描述他的换寝室经历：

大一的时候，刚进寝室，同学之间互相不够了解，生活习惯完全不同，特别是大家喜欢晚上熬夜，要么打游戏，要么看书，但是我只要有一点声音就睡不好觉。所以，在交涉未果的情况下，我做了个很不明智的选择，出去租房子住，结果寝室关系就更差了。后来，我调换了寝室。进入新寝室后的第一天晚上，我跟寝室里的新同学倾心地交谈了，希望他们能理解我。结果出乎意料，大家都表示理解，并制定了规则，晚上若是到了睡觉时间还要看书或打游戏的话，只要有人表示异议，就立刻停止，先保证其他人的权利。后来，我们寝室之间的关系好到不能再好了。

寝室人际关系问题越来越多地困扰着大学生，从以上两个案例来看，不和谐的寝室氛围存在一个发展过程，个体背景差异引发互动差异，自我接纳与认识不足阻碍了沟通，沟通不足恶化了互动差异，日积月累导致关系恶化。个体背景差异是不可避免的，如果每个成员都能够抱着建设和谐寝室的目标，在与室友发生冲突的时候，能够求同存异，多自我表露，多沟通，积极参加寝室活动，增进了解，那么寝室将会成为我们在大学生活中稳定的大后方。

二、学会说"不"

在自我特点调查中，有许多同学也提到自己很难对别人说"不"，为此感到困扰。这些人一般脸皮薄，害怕得罪人，自尊和自信不够强，遇到人际压力的时候，很容易紧张和焦虑，容忍别人对他们的索取甚至一定程度的侵犯。这类不敢或不会说"不"的人，常常被认为善于自我克制、宽容他人，是有修养的表现，实际不然。从内心感受来看，这类人往往长期承受压抑感，由于害怕拒绝别人、得罪别人，经常违心地顺从别人，牺牲自己的利益，导致自身的某些重要需要得不到满足，自己的某些要求得不到伸张，从而产生自我萎缩、无能为力、自我挫败、自我埋怨的心理。这类人与他人交往的时候，往往处于被动和不利的处境，因此产生了强烈的苦恼，这对于个人心理成长极其不利。同时，这对那些与其长期交往的人也同样不利，会助长对方的攻击性和侵犯性。

在人际交往原则中，我们谈过社会交换原则、交互原则和自我价值保护原则，如果交际双方不能遵循这些原则，那么交往关系势必不能长久。容忍和退让不利于双方关系的维持，短暂的或者偶尔一两次还可以，但是从长期关系维持来说，容忍与退让只能使对方的攻击或侵犯行为愈发无所顾忌，一旦达到彼此的极限，关系就会遭受重创。与其如此，不如在交往关系刚开始偏离平衡时，就努力想办法矫正它。既可以通过启发、提醒、劝导对方的方式，也可以通过激烈的方式（如争论、冲突等），达到让对方醒悟、转变态度与行为的目的。虽然这样的方式会付出一定代价、冒一定风险，但是有利于双方成长，有利于双方发展真正稳固的关系。

很多人不会说"不"，是因为从小未能习得这种技能。设计并练习适当的言语表达方式，能够使人针对特定的情境，在不伤害对方自尊心的前提下，及时、从容镇定地表达出"不"的意思。如以下类似语句：

（1）也许你说的有道理，不过我想尝试下自己的想法。

（2）我觉得这样挺好，多谢你的关心，不用为我担心。

（3）你觉得那样对我合适吗？

（4）我的想法好像跟你不一样，你愿意听听吗？

（5）你这种态度让我很难受。

（6）抱歉，现在不行，以后再说行吗？

（7）实在抱歉，我没法满足你的要求。

（8）对不起，我需要用……了，请把它还给我吧。

（9）你每次做……的时候，都不放过我，是不是存心让我破产啊。

（10）对不起，请你不要做……好吗？

在进行语言训练的时候，你可以从压力较小的情境下开始尝试，逐步适应。当这种表达方式开始有效地保护个人利益不受他人侵犯时，你的自信心就会增强，从而习得新的行为方式，这样你也就不必为不能拒绝别人而苦恼了。

第四章

大学生的目标定位

第一节　目标定位概述

美国成功学家拿破仑·希尔有这样一句名言："一切成就的起点是渴望。一个人追求的目标越高，他的才能发展就越快。一心向着自己目标前进的人，整个世界都给他让路。"希尔认为，所有成功，都必须先确立一个明确的目标，当对目标的追求变成一种执着时，你就会发现所有的行动都会带领你朝着这个目标迈进。

一、职业发展方向选择

对大学生而言，实现科学的目标定位，首先要选择一个正确的发展方向。因为具体的人生目标、职业目标需要结合具体的时代背景和现实条件确定，而自己的优势在哪里，自己适合做什么、不适合做什么，自己应该在哪个职业领域发展，却是可以结合自我探索、职业探索进行分析和判断的。

选择即挑选、选取。我们每个人的人生都是由一连串选择和决定累积而成的，每个看起来微不足道的小选择，都会决定我们的未来。回顾过去，不难发现所有我们现在遇到的情况，都是过去选择的结果。你的工作是你的选择，你的感情是你的选择，你的习惯也是你的选择。

什么是人生，人生就是不断地选择。选择走什么路，选择什么样的人生态度，选择和谁在一起……从某种意义上来说，选择就是我们的生活剧本，我们是通过自己的选择，一步一步地让我们成为今天的自己的。人生的道理其实很简单，选择什么、付出什么，就会得到什么。因此，也可以说选择决定命运，人生的成败关键在于进退适时，取舍得当。

"这是一个最好的时代，也是一个最坏的时代。"在这个时代，我们每个人都有很多选择的机会，也都拥有选择的权利。但遗憾的是，并不是每个人都拥有选择的能力，面对各种各样的选择，许多人会无所适从，甚至徘徊、焦虑、痛苦、烦恼。其实，与因各种因素被剥夺了人生选择权利的人相比，拥有选择权利的人是幸运的！问题的关键在于，我们如何才能把握好自己的人生选择，而不是在犹豫不定的选择中，蹉跎掉我们本该用于学习、工作的大好时光。

在今天这个史无前例的丰饶时代，职业发展方向的选择，更有其特殊重要的意义。美国著名管理学家彼得·德鲁克（Peter Drucker）曾说，21世纪是一个选择的世纪，因为未来的历史学家如果回顾今天，他们会记得的是今天最大的改革并不是技术方面或网络方面的革新，而是人类将拥有选择的权利。在今天的信息社会里，人人都能便捷地获取信息，企业也会更多地放权给员工，让员工有更多的选择权利。在这种背景下，个人的成功与否，在很大程度上要看其是否能够智慧地选择适合自己的职业发展方向。

每个人最初都很难做出正确的选择，但在一次又一次的错误选择中，如果能吸取足够的经验教训，就能逐渐学会正确的选择方法，他也就自然会成为一个有智慧的人。所以不要畏惧失败，人生中的每一个失败不是惩罚，而是难得的学习和经验积累的机会。

当然，学习和经验的积累并不是一蹴而就的事情，有时候甚至要经历漫长的过程。很多时候，你的收获并不一定是每件事的成功，而是你在走向成功的旅途中所经历的一切。对大多数大学生来说，也许还缺少足够的经验选择自己一生的职业发展方向，但如果因此而不去选择、不去尝试，就很可能永远也无法具备智慧选择的前提条件。

因此，虽然从道理上说，我们在做选择的时候，应该对选择的内容、选择的方法以及选择所涉及的内外部因素都有比较深入的了解，但在现实生活中，当我们不具备上述条件而又必须做出选择时，也可以大胆地做出选择。当然，我们这时做出的选择，很有可能是错误的，但旅途中的每一次正确的或是错误的选择，都会让我们学到新知识、获得新经验，并从中掌握正确的选择方法。当然，这么说不是鼓励同学们在不具备条件时盲目地进行选择，而是强调实践和经验的意义。因为如果不去行动、不去体验，我们不但无法真正了解职业世界，而且也无法真正了解自己。

二、职业发展目标选择

在选择了职业发展方向之后，还需要选择具体的职业发展目标。这里说的职业发展目标，指的是一个人渴望获得的与职业相关的结果。它既是一个人愿意为之奋斗的职业追求，也是一个人渴望达到的人生境界。因此，可以毫不夸张地说，确立职业发展目标是制定职业生涯规划的关键。有效的职业生涯规划，需要切实可行的职业发展目标，以便排除不必要的犹豫和干扰，全心致力于职业发展目标的实现。

（一）选择过程

职业发展目标的确定，不是一个一蹴而就的决定，而是一个不断探索的过程。具体地说，个人在选择自己的职业发展目标时，首先要通过自我探索、专业学习和社会实践，了解自己的内心世界和价值追求，了解自己的优势和劣势，在此基础上探索自己的职业发展方向，进而制定自己的职业发展目标。下面以大学四年为例，谈谈如何定位个人的职业发展目标。

一年级为试探期。要初步了解职业，特别是自己未来所想从事的职业或自己所学专业对口的职业。具体活动可包括了解生涯人物、多和师兄师姐们进行交流，尤其是向大四的毕业生，询问就业情况。大一学习任务不重可以适当参加校园活动，学习计算机知识，争取可以通过计算机和网络辅助自己的学习，为可能的转系、获得双学位、留学和继续深造做好资料收集及课程准备，多利用学生手册，了解相关规定。

二年级为定向期。通过测评和参与相关实践活动，探索适合自己的职业发展方向，考虑清楚未来是继续学习深造还是直接就业。同时以提高自身的基本素质为主，参加学生会或社团等组织，锻炼自己的各种能力，同时检验自己的知识技能；可以开始尝试兼职、社会实践活动，最好能在课余多花些时间，从事与自己未来职业或本专业有关的工作，提高自己的责任感、主动性和受挫能力，增强英语口语和计算机应用能力，通过英语和计算机的相关证书考试，并开始有选择地学习其他专业的知识来充实自己。

三年级为冲刺期。因为临近毕业，所以目标应锁定在提高求职技能、搜集公司信息并确定自己是否要考研或考公务员等。在撰写专业学术文章时，可大胆提出自己的见解，锻炼自己的独立解决问题的能力和创造性；参加和专业有关的暑期工作，和同学交流求职工作心得体会，学习写简历、求职信，了解搜集工作信息的渠道，并积极尝试加入校友网络，从已经毕业的校友、师兄师姐那里了解往年的求职情况；希望出国留学的学生，可多接触留学顾问，参与留学系列活动，准备 TOEFL、GRE、注意留学考试资讯，向相关部门索取简章等。

四年级为分化期。找工作的学生努力找工作、考研的学生积极备考、出国的学生准备出国事宜，但大部分学生的目标应该锁定在工作申请及成功就业上。这时，可先对前三年的准备做一个总结：首先检验自己已确立的职业目标是否明确，前三年的准备是否已充分；然后，开始毕业后工作的申请，积极参加招聘活动，在实践中检验自己的积累和准备；最后，预习或模拟面试。积极利用学校提供的条件，了解就业指导中心提供的用人公司资料信息、强化求职技巧、进行模拟面试等训练，尽可能地在做出较为充分准备的情况下进行施展演练。

（二）选择原则

（1）清晰性原则：考虑目标、措施是否清晰、明确？实现目标的步骤是否直截了当？

（2）挑战性原则：目标或措施是否具有挑战性？

（3）变动性原则：目标或措施是否有弹性或缓冲性？

（4）一致性原则：主要目标与分目标是否一致？目标与措施是否一致？个人目标与组织发展目标是否一致？

（5）激励性原则：目标是否符合自己的性格、兴趣和特长？是否能对自己产生内在激励作用？

（6）合作性原则：个人目标与他人的目标责任制是否具有合作性与协调性？

（7）现实性原则：目标的选择必须要考虑到自己的现实条件、社会环境、组织环境以及其他相关的因素，要具有可行性。

（8）可测量原则：目标应有明确的时间限制或标准，以便测量、检查，使自己随时掌握执行状况，并为调整、修正提供参考依据。

（三）目标分解

职业目标按时间可以分为终生目标、长期目标、中期目标和短期目标。职业发展目标分解，指的是在个人的职业发展过程中，可将终生目标逐级分解，然后通过低级目标的实现，逐渐实现最终目标。

1. 终生目标

终生目标是指个人终其一生的职业发展追求，也是一个人最高的职业目标。一般来说，短期目标服从于中期目标，中期目标服从于长期目标，长期目标又服从于终生目标。

但是在现实社会中，特别是在当下这个充满不确定性的知识经济时代，由于知识老化周期的不断缩短，人们很难在年轻时判断自己老年甚至中年时的职业世界变化，所以具体情况具体分析，不能刻板地按照上述流程，机械地进行目标定位和目标分解。

2．长期目标

长期目标是指时间为十年以上的目标，它通常比较笼统、粗略，不够清楚和具体，而且可能随着内外部形势的变化而变化。长期目标在设计时以画轮廓为主，其主要特征有：

（1）有较大的吸引力和可能性；

（2）富于挑战性；

（3）非常符合自己的价值观，能让自己感到自豪；

（4）是认真分析后的理性选择。

3．中期目标

中期目标一般是时间为五年左右的目标，它相对长期目标要具体一些，如竞争某一行政职位，参评某个级别的专业技术职称，获得专业学位或职业资格证书等，其主要特征有：

（1）通常与长期目标保持一致；

（2）有一定的挑战性；

（3）能用明确的语言说明；

（4）能对目标实现的可能性做出评估；

（5）有比较明确的时间，且可做适当的调整。

4．短期目标

短期目标通常是指时间在一至两年内的目标，短期目标是中期目标和长期目标的具体化、现实化，它是最清楚和最具可操作性的目标，其主要特征有：

（1）目标具备可操作性；

（2）有明确、具体的完成时间；

（3）服从于中长期目标；

（4）目标需要适应环境；

（5）目标要切合实际。

个人职业发展目标，还可以按性质分为外职业生涯目标和内职业生涯目标。这里的外职业生涯目标是侧重于职业过程的外在标记，它主要包括：工作内容目标、工作环境目标、经济收入目标、工作地点和职务目标等。内职业生涯目标是侧重于内心感受的目标，这些因素不是靠别人赐予的，而是通过努力自己获得和掌握的，如工作能力目标、心理素质目标和工作成果目标等。

外职业生涯目标和内职业生涯目标关系密切，一般而言，内职业生涯目标的发展可以带动外职业生涯目标发展，外职业生涯发展目标的实现可以促进内职业生涯目标的实现。但具体到每个人的职业生涯，二者之间的发展并不一定是相互协调、相互促进的，有时甚至会起相反的作用。另外，当人们在确定自己的职业发展目标时，也可能会先确定短期目标，再寻求中期和长期的发展，一些人还可能会因为内在或外在的因素，而调整自己的职业发展方向。

三、职业发展路径选择

所谓职业生涯发展路径，是指当一个人确定了自己的职业发展目标后，为了实现职业目标所选择的发展道路。人生目标和职业理想是一种终极的生存和工作状态，它需要我们通过一生的努力才能实现。在这个过程中，我们必须首先选择一个最初的切入点，这个切入点应该具体到某一个行业的某一类职业，然后以此为起点设计自己的发展路线。

（一）路径分析

有道是"条条大路通罗马"。在确定了以某一行业的某一类职业为切入点后，接下来的发展道路还有很多。不同的路线就有不同的实施方案。通常来说，基本的职业发展路线有以下几种：

（1）专业技术型发展路线。指工程、生产、财会、法律等职能性专业方向，需要有一定的专门技术性知识和能力，其相应的职业成就包括技术职称的晋升、技术性成果的认可，以及业内知名度的提高等。

（2）行政管理型路线。把管理这个职业本身视为自己的目标，需要有良好的个人综合素质、人际关系技巧和领导才能，相应的职业成就包括行政职位的晋升、管理权限的扩大等。

（3）市场销售型路线。将营销物质产品或精神产品作为自己的职业，需要有敏锐的市场嗅觉和反应能力、出众的表达能力，相应的职业成就包括销售业绩的不断提高，以及随之而来的财富增长。

（4）自我创业型路线。以开创完全属于自己的事业为目标，需要有充足的资本及条件、敏锐的市场大局观、过硬的心理素质和综合能力，相应的职业成就包括打造自己的品牌并成功地立足于市场，在经济收入上有丰厚的回报。

职业发展路线的选择取决于三个要素：想、能、可以。这三个要素的基本含义如下：一是我想往哪一路线发展？二是我能往哪一路线发展？三是我可以往哪一路线发展？

第一个要素是通过对自己的兴趣、价值观念、理想、成就动机等因素分析，确定自己的目标取向。即自己的志向是在哪一方面，自己非常希望走哪一条路线。这是一个人的兴趣问题。

第二个要素是通过对自己的性格、特长、智能、技能、情商、学识、经历等因素进行分析，确定自己的能力取向，即自己能向哪一条路线发展。也就是说，自己走这一条路线，是否具有这方面的特长，是否具有这方面的优势。这是自身的特质问题。

第三个要素是对当前及未来的组织环境、社会环境、经济环境分析，确定自己的机会取向。即内外环境是否允许自己走这一条路线，是否有发展机会。这是环境条件问题。

在确定自己的职业生涯路线时，这三个要素是缺一不可的，它们对生涯路线选择来说，都拥有一票否决权。例如，我想当歌星，这是我的职业兴趣取向，但我不具备这方面的才能，即音质和嗓音特别差，这条路是走不通的。如果我想当歌星，也具备这方面的才能，但工作的单位却是一家电子企业，根本不需要歌星，这条路也是走不通的，除非调换单位。

通过上述三要素确定职业发展路线，并不意味着人生的发展就只能沿着一条线发展，路线也是可以改变的。比如，先沿着技术路线发展，从事几年技术工作，取得了一定经验，具备了一定的经历后，再转入行政管理路线，也是可以的。当然路线的转移，必须符合三要素的条件，否则很难成功。

（二）路径选择

无论选择何种职业或岗位，无论在任何单位工作，通常要达到自己的目的地，有多种路线可以选择。只不过是有的路线行不通，有的路线需要绕些弯路，有的路线则近一些，因此要正确选择自己的最佳路线。下面以行政路线为例进行分析，如图4—1所示。

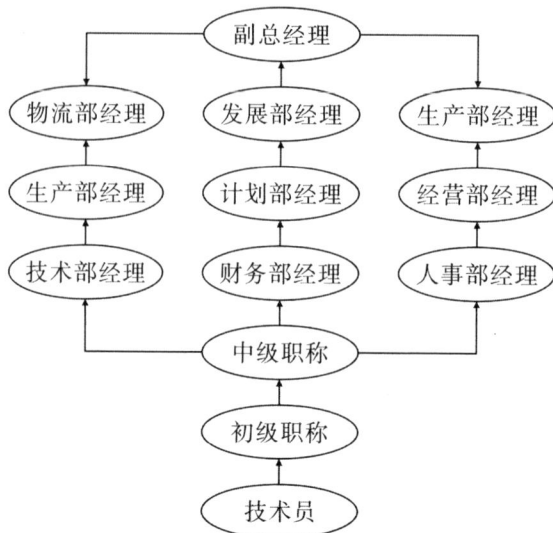

图 4-1　行政发展路线图

在图 4-1 中画出了三条职业发展路线，每条路线从中级职称到副总经理都要经过三个部门任职。实际上将一个单位中所有部门按三个部门排列一下，有几十条，甚至上百条发展路线，究竟哪条发展路线适合自己，需根据"三要素"做出选择。如果这个人，不是学财务专业的，没有在财务部门工作过，中间的发展路线，即中级职称→财务部经理→计划部经理→发展部经理→副总经理，这条路线就走不通。因为，财务知识是可以通过业余时间学习的，也是可以学会的，但是没有在财务部门工作过，就没有财务管理方面的经历和经验。财务管理不同于其他业务，没有经历和经验，是难以担任这个部门经理的。所以，只能选择其他路线。比如说，第三条路线就可能走得通，即中级职称→人事部经理→经营部经理→生产部经理→副总经理。对于学财务专业技术的人员来说，走第三条发展路线困难不是太大。

图 4-1 所示案例，是一位专业技术人员，从专业技术岗位发展到副总经理。为什么从中级职称到副总经理，非得经过三个部门的中层管理岗位？因为从技术岗位到高层管理岗位，一般需要经过几个部门任职。通过不同部门的任职拓宽自己的知识面和工作技能，丰富自己的经历。同时多了解几个部门的工作业务，有利于担任高层主管后的协调与管理。所以，中层管理干部的轮岗，对干部的成长是非常重要的。

根据"三要素"选择自己的职业发展路线，还会涉及机会与机遇问题。如果自己选择了这条路线，自己就得创造机会，创造机遇。例如，自己现在已经从事人事部经理岗位，下一个目标是经营部经理，自己在从事人事部管理的同时，应多了解经营部的岗位工作。如果你不研究经营业务，对经营业务一窍不通，领导怎么会考虑让你当经营部经理呢？如果你既当了人事部经理，又当了经营部经理、生产部经理，既懂得人事管理，也懂得经营管理，又懂得生产管理，副总经理这个位置你就是最有竞争力的候选人之一。

"机遇只青睐于有准备的人"，职业生涯发展机会和机遇是自己创造的。用一个形象的比喻，机会与机遇，是一辆公共汽车，你必须在车站等它。车一来，门一开，上车走人。如果你不在车站等车，车是不会等你的。如果能明白这个道理，职业生涯路线就能够实现。

第二节 目标定位的理论依据

一、"特质—因素"理论

美国波士顿大学教授帕森斯（Frank Parsons）是最早对职业指导进行系统的实践探索的学者之一，被誉为"职业指导之父"。他提出的"特质—因素"理论又称人职匹配理论，是最早的职业生涯辅导理论。帕森斯提出了"人与职业相匹配是职业选择的焦点"的观点，认为每个人都有自己独特的人格模式，每种人格模式的个人都有其相适应的职业类型，个人的人格模式与工作要求之间配合得越紧密，职业成功的可能性也就越大。

所谓"特质"，就是指个人的人格特征，包括能力倾向、兴趣、价值观和人格等，这些都可以通过心理测量工具来加以评量。所谓"因素"，则是指在工作上要取得成功所必须具备的条件或资格，这可以通过对工作的分析而了解。

帕森斯的"特质—因素"理论不但重视人职匹配，而且强调在职业选择中，要遵循科学的操作程序，即"三步范式"，其具体步骤如下：

第一步，评价求职者的生理和心理特征（特质）。通过心理测量及其他测评手段，获得有关求职者的身体状况、能力倾向、兴趣爱好、气质与性格等方面的个人资料，并通过会谈、调查等方法获得有关求职者的家庭背景、学业成绩、工作经历等情况，并对这些资料进行评价。

第二步，分析各种职业对人的要求（因素）。职业对人的要求一般包括：职业的性质、工资待遇、工作条件以及晋升的可能性；求职的条件，诸如学历要求、所需的专业训练、身体要求、年龄、各种能力以及其他心理特点的要求；为准备就业而设置的一些培训计划，以及提供这种训练的教育机构、学习年限、入学资格和费用等；职业发展前景及就业的可能性。

第三步，人—职匹配。职业指导人员在了解求职者的特性和职业要求两者的基础上，帮助求职者进行比较分析与评价，以便选择一种适合其个人特点又有可能得到并能在职业上取得成功的职业。

人职匹配分为两种类型：①因素匹配（工作找人）。例如，需要有专门技术和专业知识的职业与掌握该种技能和专业知识的择业者相匹配；如对计算机编程能力要求很高的职业，需要有计算机工作经验、编程能力非常熟练的劳动者与之匹配。②特性匹配（人找工作）。例如，具有喜欢探索和理解事物、爱分析、有智慧、喜欢独立等人格特性的人，宜于从事实验室研究员、工程师等类型的职业。

"特质—因素"强调个人所具有的特性（特质）与职业所需要的素质与技能（因素）之间的协调和匹配，这种理论为人们在进行职业选择过程中提供了一个最基本的原则——人职匹配原则。此外，"特质—因素"理论十分重视人才测评的作用，可以说，"特质—因素"理论所进行的职业指导是以对人的特性的测评为基本前提的，它为人才测评理论奠定了理论基础，推动了人才测评在职业选拔与指导中的运用和发展。

二、职业锚理论

职业锚，又称职业系留点，是由美国著名的职业指导专家埃德加·H.施恩（Edgar H. Schein）教授提出的。锚，是使船只停泊定位用的铁制器具。职业锚，实际就是人们选择和发展自己的职业时所围绕的中心，是指当一个人不得不做出选择的时候，他无论如何都不会放弃的职业中的那种至关重要的东西或价值观。

（一）职业锚的分类

职业生涯发展实际上是一个持续不断的探索过程，在这一过程中，每个人都在根据自己的天资、能力、动机、需要、态度和价值观等慢慢地形成较为明晰的与职业有关的自我概念。一个人对自己越来越了解，他就会越来越明显地形成一个占主要地位的职业锚。

专家们经过长时间的研究，对几万人的不同职业阶段进行了访谈和分析，确定了八种基本的职业锚类型。八种职业锚的基本特点及不同职业锚之间的区别如下。

1. 技术/职能型

技术/职能型的人追求在技术/职能领域的成长和技能的不断提高，以及应用这种技术/职能的机会。他们对自己的认可来自他们的专业水平，他们喜欢面对专业领域的挑战。他们通常不喜欢从事一般的管理工作，因为这意味着他们不得不放弃在技术/职能领域的成就。

2. 管理型

管理型的人追求并致力于工作晋升，倾心于全面管理，独立负责一个部分，可以跨部门整合其他人的努力成果。他们想去承担整体的责任，并将公司的成功与否看成自己的工作结果。具体的技术/职能工作仅仅被看作是通向更高、更全面管理层的必经之路。

3. 自主/独立型

自主/独立型的人希望随心所欲地安排自己的工作方式、工作习惯和生活方式。追求能施展个人能力的工作环境，最大限度地摆脱组织的限制和制约。他们宁愿放弃提升或工作发展机会，也不愿意放弃自由与独立。

4. 安全/稳定型

安全/稳定型的人追求工作中的安全与稳定感。他们因为能够预测到稳定的将来而感到放松。他们关心财务安全，例如：退休金和退休计划。稳定感包括诚实、忠诚以及完成老板交代的工作。尽管有时他们可以达到一个高的职位，但他们并不关心具体的职位和具体的工作内容。

5. 创业型

创业型的人希望用自己的能力去创建属于自己的公司或创建完全属于自己的产品（或服务），而且愿意去冒风险，并克服面临的障碍。他们想向世界证明公司是他们靠自己的努力创建的。他们可能正在别人的公司工作，但同时他们在学习并寻找机会。一旦时机成熟了，他们便会走出去创立自己的事业。

6. 服务型

服务型的人一直追求他们认可的核心价值，例如：帮助他人通过新的产品帮助他人消除疾病等。他们一直追寻这种机会，这意味着即使变换公司，他们也不会接受不允许他们实现这种价值的变动或工作提升。

7. 挑战型

挑战型的人喜欢解决看上去无法解决的问题，战胜实力强硬的对手，克服无法克服的困难障碍等。对他们而言，参加工作的原因是工作允许他们去战胜各种不可能。他们需要新奇、变化和困难，如果事情非常容易，反倒让他们失去了挑战力，丧失工作的热情。

8. 生活型

生活型的人希望将生活的各个主要方面整合为一个整体，喜欢平衡个人的、家庭的和职业的需要，因此，生活型的人需要一个能够提供足够弹性的工作环境来实现这一目标。生活型的人甚至可以牺牲职业的一些方面，例如放弃职位的提升，来换取三者的平衡。他们将成功定义得比职业成功更广泛，相对于具体的工作环境、工作内容，生活型的人更关注自己如何生活、在哪里居住、如何处理家庭、事业及怎样自我提升等。

（二）职业锚理论在大学生职业生涯规划中的作用

对于大学生来说，职业锚理论在职业生涯规划和就业选择过程中具有非常积极的作用：

第一，帮助认识自我。认识自我的方法有很多，比如职业测试等。寻找并确定职业锚，实际上也是个人自我真正认知的过程——认识自己具有什么样的能力、才干，自己最需要的是什么，职业价值观是什么，通过不断地反省和整合达到自己职业生涯的最佳状态。

第二，确定职业目标。大学生在进行职业生涯规划时，可以通过分析自己的职业生涯系留点，确定自己的职业方向，对自己今后的职业发展道路进行有针对性的设计和准备，并通过参加相应的培训、学习、实践，为职业生涯的成功奠定基础。

第三，选择方向。大学生完成学业临近毕业时，会面临很多种选择：继续深造抑或直接就业？是在外资企业还是国有企业？……运用职业锚的理论和观点，我们能够逐步明确自己最想、最希望得到的东西，从而确定自己近一段时期内的奋斗中心。

三、社会学习理论

社会学习理论由班杜拉（Albert Bandura）提出，它以经典行为主义、强化理论和认知信息加工理论为基础。科朗伯兹（John D. Krumboltz）又将之引入生涯辅导领域。他提出：个人的社会成熟度在很大程度上依赖于对他人行为的学习和模仿，并由此决定他们的职业导向。

科朗伯兹认为有四种因素会影响职业决策：

（1）遗传因素和特殊的能力。个人得自于遗传的一些特质，在某种程度上决定了个人的职业表现或影响到个人所获得的经验。这些因素包括：种族、性别、外表特征、智力、动作协调能力等。

（2）环境因素和事件。通常在个人控制之外，来自人类活动（如社会、文化、政治、经济活动、家庭、教育系统的影响）或自然力量（自然资源的分布或自然灾害，如地震、洪水以及干旱等）。

（3）学习经验。科朗伯兹认为，每个人有独特的学习经验，这对于个人的生涯抉择具有重要的影响。他提出有以下两种类型的学习：

一是工具式学习经验。个人为了得到好的结果，在特定的环境中采取一定的行动，其结果对个人会有重要的影响作用。例如：通过努力学习在一次考试中取得了好的成绩，会激励个人更加努力地学习。科朗伯兹认为，生涯规划和职业所需的技能，可以通过工具式学习经验而获得。

二是联结式学习经验。个人通过观察真实和虚构的模型，通过对人、事之间的比较来学习对外部刺激做出反应。某些环境刺激会引起个人情绪上积极或消极的反应。如果原来属于中性的刺激与使个人产生积极或消极情绪反应的刺激同时出现，这种伴随在一起的联结关系就会使中性的刺激也具有积极或消极的情绪作用。

科朗伯兹提出，我们对于职业的刻板印象，如"教师是清贫的""无商不奸"等，都是通过这种联结式学习经验获得的。有时仅仅一个联结式学习经验就有可能造成个人对某种职业的刻板化印象，而且这种印象可能一生都难以改变，从而对个人的生涯选择产生深远的影响。

（4）任务取向的技能。包括解决问题能力、工作习惯、心理状态、情绪反应和认知的历程等。

科朗伯兹认为，在个人发展的历程中，上述四种因素相互作用，从而形成个人对自我与世界的推论或信念。他认为，一般所谓的个人兴趣、价值观等实际上都是学习的结果，属于个人生涯信念的一部分。生涯信念就是一系列对自己以及自己生涯发展的假设，这种假设会影响到个人在生涯历程中的期望与行动。个人可能会由于学习经验的不足、不当，以致形成错误的推论、单一的比较标准、夸大式的灾难情绪等种种问题，而有碍于生涯的正常发展。

因此，科朗伯兹特别强调丰富而适当的学习经验的重要性，强调社会影响因素及学习经验的重要性，从社会学习的观点来解释人类生涯选择的行为，弥补了其他职业辅导理论在这方面的不足，因此具有重要的意义。

四、生涯混沌理论

生涯混沌理论认为，生涯心理是一种动态、开放的复杂系统。影响个体生涯心理的内外部因素是复杂的、多样的，它们构成了个体及其生涯发展背景的亚系统、系统和超系统。它们既可以在不同的水平、以不同的方式形成，也可以在不同的水平、以不同的方式被解释。这使得我们必须从整体的角度出发，并将个体生涯心理置于复杂的关系网中才能理解和把握它。作为一种复杂的系统，生涯心理具有分形特征的静态结构；有着对初始条件敏感依赖性的非线性动态变化过程；从整体来看，生涯心理系统的复杂变化中隐含着不稳定与稳定、无序与有序、不确定性与确定性以及难以预测性与可预测性的统一。

生涯混沌理论描绘了一幅复杂的、充满变化的、非线性的生涯心理世界，其内容已超越了传统的生涯心理学理论框架，因而是一种新的生涯心理学理论。尽管生涯混沌理论还不是很完善，有不少生涯心理问题未能解释，但仍日益显示出它的理论价值和应用价值。

第一，强调整体论，反对还原论。目前，主流的生涯心理学理论仍然遵循着实证主义思想，采取还原论的方法，试图通过分析生涯心理的各构成要素，如兴趣、人格、职业承诺、职业满意度等，来理解个体的生涯心理。生涯混沌理论认为，这种还原法是无法完全理解人类生涯心理的，因为它只能研究有限的生涯心理现象，而对生涯心理的目的性、意义性和突创性无能为力。我们只有对生涯心理现象进行整体的考察，将围绕个体生涯所发生的各种现象联系起来，才能较好地理解它。这为我们更好地理解个体生涯心理提供了有别于主流生涯心理学理论的新理念。

第二，强调"影响"而非机械的"因果"决定观。生涯混沌理论较少受严格的实验室因果决定论研究范式的限制，它重视的是影响生涯心理的各种因素的模式，而且这种影响模式并不是由某个单一的传统理论所界定的，而是像整个系统理论那样包罗广泛。"影响的观念不是假定因果的直接性"。这种观念与经典生涯心理学理论所奉行的机械因果决定观和经验实证的时代潮流不同，它强调的是"影响"而不是机械的"因果"决定关系。这为我们摆脱严格的因果观，深入理解个体的生涯心理提供了新的视角和方法。

第三，重视微小差异和机会性因素，反对僵化的科学追求。经典的生涯心理学理论常采用测量和统计推断等所谓科学方法来了解个体生涯心理的特征、个体间的差异以及各种因素间的关系；追求研究的科学价值，强调显著性、普遍性、可控制性和预测性。因而，它经常忽视微小差异和机会性因素在个体生涯心理发展变化中的重要性。但生涯混沌理论认为，微小的差异对个体生涯心理发展来说有着重要意义，有时它就像是压在骆驼背上的最后一根稻草，可能会带来个体生涯心理意想不到的大变化。同样，机会和偶然性因素能起到奇异吸引子的作用，使得个体生涯出现新的形式，而且在急速变化的环境中，机会性因素在个体生涯决策中起着越来越大的作用。因此，生涯心理辅导不能为追求科学，而忽略个体经验世界中的微小事件及其可能造成的影响，相反，我们要注意个体经验中的各种非常规因素的作用，重视它们在个体生涯心理或职业选择中的价值。

第四，不严格区分现实主义和建构主义。生涯混沌理论认为，没有必要严格区分建构主义和现实主义，因为没有实质性的理由表明变量不能既是建构的又是现实的。建构主义不过是针对我们选择什么理论体系作为生涯心理研究和辅导的观点而言。在生涯心理辅导实践中，有些来访者以意义宽泛的发展性言词叙说其经验，而有些则更强调其生涯的社会角色，还有些则把生涯看作是问题解决等。这种来访者的多样性变化，使得生涯心理辅导者必须选择越来越折中的观念作为其工作的理论基础。生涯混沌理论的折中观一方面强调个体主义的观点，另一方面又强调影响的普遍性，这不仅从理论上提供了合理解释现有实践的可能性，而且还提供了新的、进一步扩大辅导者的干预与来访者相结合的可能性。生涯混沌理论认为，传统的量的研究方法，无法理解个体生涯心理的意义性、目的性和突创性等，要想深入地理解个体生涯心理的复杂特性，洞察复杂的、动态的、多层次的生涯发展和选择，就必须采取深度观察，进行个案研究或其他质的研究。这种研究方法观为我们进一步打破生涯心理学中量的研究一统天下的格局，倡导方法的多元化提供了新的支撑点。

第五，重视辩证统一性，反对片面性。生涯混沌理论充分认识到了人类生涯心理的复杂性和内在统一性，因而对人类生涯心理的考察充满着辩证法的思想。它反对受实证主义影响的经典生涯心理学理论只强调生涯心理的确定性、稳定性、有序性一面，而忽略生涯心理的不确定、不稳定和无序性的另一面的做法，主张人类生涯心理是确定与不确定、稳定与不稳定、有序与无序的统一。这种辩证统一的生涯心理观更贴近人类生涯心理的本来面目。

作为一种新兴的生涯心理学理论，在某种意义上，生涯混沌理论可归为一种系统论，对现有生涯心理学理论与应用研究有着明显的突破，为我们理解个体不断发展的生涯，提供了有力的理论框架。但它也有许多不足之处。比如，它认为生涯心理发展是相位转换的过程，但由于它强调生涯心理发展的复杂性、变化性、非线性，所以就很难也没有像经典的生涯心理学理论那样对个体的生涯心理发展阶段做出明确的划分。

第三节　目标定位的辅助工具

本节重点介绍职业目标定位的几种关键技术：SWOT 决策分析法、CASVE 循环模型和生涯平衡单。SWOT 决策模型通过分析内部的优势和劣势，发现外界的机会和威胁，从而做出决策。CASVE 循环包括沟通、分析、综合、评估和执行五个阶段，在整个职业生涯问题解决和决策制定过程中，为人们提供规范的操作流程和必要的操作指导。生涯平衡单则从自我物质方面的得失、他人物质方面的得失、自我赞许与否、社会赞许与否来协助我们进行决策。我们要学会运用 SWOT 决策分析法、CASVE 循环模型和生涯平衡单来进行职业生涯规划决策。

一、SWOT 模型

SWOT 决策模型是由美国旧金山大学的管理学教授韦里克提出来的，它是一种能够较客观而准确地分析和研究个人或组织现实情况的方法。SWOT 四个英文字母分别代表优势（strength）、劣势（weaknesses）、机会（opportunities）、威胁（threats）。

（一）SWOT 模型的基本结构

从整体上来看，SWOT 模型可以分为两部分：第一部分为 SW，主要用来分析内部条件；第二部分为 OT，主要用来分析外部条件。SWOT 决策分析法通过分析内部的优势和劣势，发现外界的机会和威胁，从而做出决策。

SWOT 分析法原本来自市场营销领域，通常是市场战略分析家们用来分析企业内外部环境、制定企业最终发展战略的一种技术。然而，技术本身是不具有专业性的，我们同样可以借用 SWOT 分析法来为个人的职业生涯决策服务。原本对企业内部环境的优势分析和劣势分析，在职业生涯决策的过程中就可以转换为对个体自身的优势和劣势分析，而所谓的企业外部环境中的机会分析和威胁分析，就相当于对职业环境因素以及各种可供选择的职业前景的分析。综合自身的优势和劣势，认清周围的职业环境和前景，我们可以减少职业决策的难度，更容易地进行职业选择。

因此，SWOT 分析也是职业生涯决策过程中的一种关键技术。我们可以利用这种技术更准确地进行自我评估，更清晰地认识自己的生涯机会，从而能根据社会就业市场的状况和个人的情况作出最佳的决策。

（二）SWOT 模型的操作程序

SWOT 分析法被引入职业生涯决策领域后，不但受到了使用者的普遍欢迎，而且逐渐形成了简洁、直观的 SWOT 决策模型（见表 4—1）。使用 SWOT 决策模型，应遵循以下几个步骤。

1. 评估自己的优势和劣势

每个人都有自己独特的天赋和能力。在当今分工非常细的职业世界里，每个人擅长某一领域，而不是样样精通。有些人喜欢整天坐在办公桌旁，而有些人却热衷于与陌生人打交道。在优势分析和劣势分析的开始阶段，我们可以回想自己喜欢做的事情，尝试列举一些具体的词汇来描述自己，出现频率较多的特征词汇就构成了我们主要的优点和缺点。其次，我们可以寻求外在资源的帮助。一方面，可以借助一些职业测评工具来帮助自己客观地认识自我。另一方面，还可以请教他人帮助诊断，如同学和教师的评语等，都是有价值的信息反馈，还可以求助于职业辅导专家。找出劣势与发现优势同等重要，因为你可以基于自己的优势和劣势做两种选择：一是努力去改正你常犯的错误，提高你的技能；二是放弃那些你不擅长的技能要求很高的职业。

2. 找出外部的机会和威胁

不同的人和行业（包括这些行业里不同的企业）都面临着不同的外部机会和威胁，而这些机会和威胁会影响你的第一份工作和今后的职业发展，所以找出这些外界因素将有助于你成功地进行职业生涯规划和今后的求职。对于企业来说，如果企业处于一个常受到外界不利因素影响的行业里，很自然，这个企业能提供的职业机会将是很少的，而且没有职业升迁的机会。相反地，充满了许多积极的外界因素的行业将为求职者提供广阔的职业前景。请列出自己感兴趣的一两个行业（比如说，保健、金融服务或者电信），然后认真地评估这些行业所面临的机会和威胁。

3. 做出职业生涯决策

根据对自我和外界环境的分析，选择自己所从事的职业。构建一个 SWOT 分析模型，列出从学校毕业后自己最想实现的四至五个职业目标。根据优势、劣势、机会和威胁，确立最符合自己实际的职业生涯发展目标，请时刻记住：必须竭尽所能地发挥出自己的优势，使之与行业提供的工作机会完满匹配。因为职业选择的正确与否，将直接关系到人生职业发展的成败。

　　4．制订职业行动计划

　　在完成 SWOT 分析后，便可以制订相应的行动计划。制订计划的基本思路是：发挥优势，克服劣势，利用机会，化解威胁。运用系统分析的方法，将各种因素相互匹配起来加以组合，可得出可选择的对策，这些对策包括：

　　WT 对策：考虑劣势和威胁因素，使这些因素都趋于最小。如成绩不好，就必须以后更努力学习；某种职业需要丰富的实践经验，就要多参加实习和社会活动。

　　WO 对策：考虑劣势和机会因素，使劣势趋于最小，机会趋于最大。如专业水平不够高，但某种职业需要复合型人才，那么可以加强培养自己的综合素质。

　　ST 对策：考虑优势和威胁因素，努力使优势趋于最大，威胁趋于最小。如拥有丰富的专业知识和技能，但在同专业学生中不算太突出，就要善于发现自己的优势，增强竞争力。

　　SO 对策：考虑优势和机会因素，努力使这些因素都趋于最大。如对某职业兴趣比较浓厚，在这个职业领域又有较广泛的人际关系网络，则应抓住机会展示自己的才能。

　　拟定一个大学四年的职业行动计划，并且详细地说明为了实现每一目标，你要做的每一件事，何时完成这些事。如果觉得需要一些外界帮助，请说明需要何种帮助和如何获取这种帮助。举个例子，你的个人 SWOT 分析表明，为了实现理想中的职业目标，你可能需要进修更多的管理课程，那么，你的职业行动计划应说明何时进修这些课程。拟订详尽的行动计划将帮助你做决策，就像公司事先制定计划，为职业经理们提供行动指南一样。

　　尽管做此类个人 SWOT 分析会花费一些时间和精力，但详尽的个人 SWOT 分析却是值得的，因为当做完个人 SWOT 分析后，你将得到一个连贯的、实际可行的个人职业策略。在当今竞争白热化的市场经济社会里，拥有一份挑战和乐趣并存、薪酬丰厚的职业是每一个人的梦想，但并不是每一个人都能实现这一梦想。因此，为了使你今后的求职和个人职业发展更具有竞争性，进行个人职业生涯的 SWOT 分析是必要的（见表 4—1）。

表 4－1　职业生涯决策中的 SWOT 模型

SWOT 分析		
内部个人因素	优势：你可以控制并且可以利用的内在积极因素 我最优秀的品质有哪些？我学习了什么？我曾经做过什么？最成功的经历是什么？	劣势：你可以控制并努力改善的内在消极因素 我的性格弱点是什么？我有哪些失败的经历？我欠缺的经验有哪些？
外部环境因素	机会：你不可控制，但可利用的外部积极因素 社会大环境有利于所选职业发展吗？你所向往的企业在本行业中的地位与发展趋势如何？ 哪些人可能对自己的职业发展起到帮助？	威胁：你不可控制，但可以弱化的外部消极因素 专业领域的发展有限吗？ 就业形势是否严峻？ 同专业的大学生竞争者实力如何？ 具有丰富技能、经验的竞争者是否更有优势？
总体鉴定（评估你制定的生涯发展目标）		
职业行动计划		

（三）SWOT 模型的应用

1. 案例一

基本情况：赵毅，男 1998 年出生，2016 年 9 月考入 XX 大学信息管理系，2020 年 7 月毕业，专业方向是信息资源组织与管理。他的 SWOT 分析见表 4－2。

表 4-2 赵毅的 SWOT 分析

SWOT 分析		
内部个人因素	优势： 生活态度比较积极，善于发现事物和环境积极的一面； 待人真诚，放得开，并乐于与人交往和沟通，善于开导别人； 喜欢思考问题，有一定的分析能力，并有寻根究底的兴趣，一定要将事情想清楚； 有责任心、爱心，并且喜欢做相关的工作； 做事比较认真、踏实，有浓厚的学习兴趣和一定的实力，比如英语方面； 心思细腻，考虑问题比较细致； 逻辑性和条理性较好，有一定的书面表达能力； 爱好：喜欢能让自己静下心来的工作环境，能自己控制、安排的工作，跟人打交道的工作	劣势： 竞争意识不强，对环境资源的利用不够主动，也就是与环境的交互能力不够； 口头表达有时过于细节化，不够简洁； 做事不够果断，尤其事前做决定的时候老是犹豫不决； 工作、学习有些保守，冒险精神不够，没有长远目标，并且创新能力有待提高； 组织管理人员的能力和经验欠缺； 做事有时拖拉，不够雷厉风行； 不喜欢：机械和重复的工作，也不喜欢没有计划没有收获的忙乱，不喜欢应酬和刻意的事情
外部环境因素	机会： 就专业方面来说，现在是一个信息爆炸的时代，各种渠道获得的各种类型的信息浩如烟海，对很多人来说，海量的信息只会让他们感到无所适从，而这也就产生了对于信息进行组织和管理使之有序化的需求，因此从大的环境来说，这个专业方向是很有发展前景的； 加入世贸组织后，中国面临的国际化形势给个人也提供了更多的机会，可以在更宽广的舞台展现个人优势，比如英语作为国际交流的工具发挥的作用就很大； 学校给我们提供了很好的软硬件条件，有机会多参与一些社会实践活动，积累更多经验，了解职业特点； 身边很多优秀的同学，有很多向他们学习的机会，并且有构建良好的人际关系的条件	威胁： 国际化的环境同时也意味着国际范围的竞争和挑战，对个人素质要求也就更高了，对于英语来说，就不能只满足于听、写，表达能力也至关重要； 距离毕业还有一段时间，并且找工作的时候并不是用人单位的用人高峰期，就业的机会不是很多； 优秀的人很多，而机会不一定是均等的，这时就不单单是知识的比拼，更是对个人发现机会、展示自己并把握机会能力的考验了

续表

SWOT 分析	
总体鉴定 （评估你制定的生涯发展目标）	从事与专业相关的并且能很好地发挥与人沟通能力的职业，比如教育业、信息咨询行业等，既能跟个人爱好结合，又能有比较满意的待遇
职业行动计划	如果要从事教育业，就要考虑继续深造的必要；但是，就个人而言，想先工作两年有一些实际的体验，也多积累些经验，然后再去学习。因此： 首先，需要注意的是主动与环境交互，去挖掘身边的资源和机会，对将来能够从事的职业有清楚的了解； 其次，加强适应职业要求的专业素质，提高英语口语的表达能力； 最后，突出培养自己的表达能力和表现能力，在现代社会激烈的竞争形势下尤其重要。所谓"好酒还怕巷子深"，只有专业技能还不够，还要能够积极地展示自己

2. 案例二。

基本情况：周远，男，中共党员，1997 年出生，2016 年 9 月考入 XX 学院汉语言文学专业，2020 年 7 月毕业；2020 年 9 月考入 XX 大学新闻传媒学院，专业方向为新闻媒体传播，现读研一。他的 SWOT 分析见表 4-3。

表 4-3　周远的 SWOT 分析

SWOT 分析		
内部个人因素	优势： 开朗乐观、志向高远、生活态度积极向上； 诚实稳重、为人正直、待人诚恳、喜欢与人交往； 强烈的责任心、较强的社会适应能力、一定的组织能力； 心思细腻，思考问题细致、缜密； 学习认真踏实，具备一定的文学素养； 喜欢思考问题，有一定的分析能力，并有寻根究底的兴趣； 富有逻辑性和条理性，书面表达能力较强； 勇于创新、敢于尝试，喜欢接触新鲜事物	劣势： 社会经验不足、知识范围过窄，只专注于本专业的学习； 语言表达能力不强，不善于公众场合演讲，有时候口语表达过于烦琐，不能抓住要领； 思维比较程式化，不够灵活和变通； 自视过高，我行我素，有时候比较固执，不喜欢采纳别人的意见； 性情柔弱，有时候想问题、做事情过于瞻前顾后、优柔寡断，以致错失良机

续表

SWOT 分析		
外部环境因素	机会： 各种媒体在社会生活中的作用越来越重要。传播学是国内的新兴学科，涉及面广，理论性和实践操作性兼备，发展空间很大；既有影视媒体又有网络媒体，紧跟现代传播技术的发展，从信息角度把握传播的发展趋势，既有深度又有广度，社会对这方面人才需求量大，专业发展前景光明； XX大学新闻传媒学院给我们提供了良好的学习环境，读研期间在导师的指导下有机会参与一些科研项目，学以致用，也可以积累更多的社会经验，同时有很多的机会与行业高层人士接触、交流、学习，提高自身素质，可以有考博或就业的双重选择； 周围有很多优秀的同学，为自己的学习和课题研究提供了丰富的可利用资源，并且有利于构建良好的人际网络； 硕士研究生在中国是更高学历、更高层次的专业人才，专业知识更为扎实和深厚，其每年毕业的研究生数量远远少于本科生，比本科生具有更多的机会和更大的竞争优势	威胁： 目前我国就业形势严峻，各用人单位对人才素质提出了更高的要求，越来越多的用人单位更加看重工作经验而非学历； 硕士研究生数量剧增，一些博士研究生也加入了就业竞争，同时，有海外留学背景的毕业生也很多
总体鉴定（评估你制定的生涯发展目标）	从事与专业相关的职业，比如传媒业、广告业等，有利于发展自己的专业特长，也与自己的兴趣相符	
职业行动计划	在三年研究生期间，利用较强的学习能力，认真学习传播学专业知识和广告学知识，不断提高英语水平和计算机能力，拓展知识面以培养宽阔的视野和创新能力，同时利用课余时间参加社会实践锻炼，积累工作经验	

二、CASVE 循环

认知信息加工理论从认知科学或认知心理学的视角探索生涯问题和决策，再次提醒人们从关注生涯选择结果的适当与否到关注生涯选择的历程，即认知的历程。在认知信息加工理论的金字塔中，CASVE循环（见图4－2）处于核心地位。它包含进行良好决策的沟通（communication）、分析（analysis）、综合（synthesis）、评估（valuing）和执行（execution）五个阶段。

（一）CASVE循环的操作程序

在认知信息加工理论看来，职业生涯规划决策是一种问题解决活动，CASVE循环可以在整个职业生涯问题解决和决策制定过程中，为人们提供规范的操作流程和必要的操作指导。运用CASVE循环模型进行职业生涯规划决策，通常采用以下操作步骤：

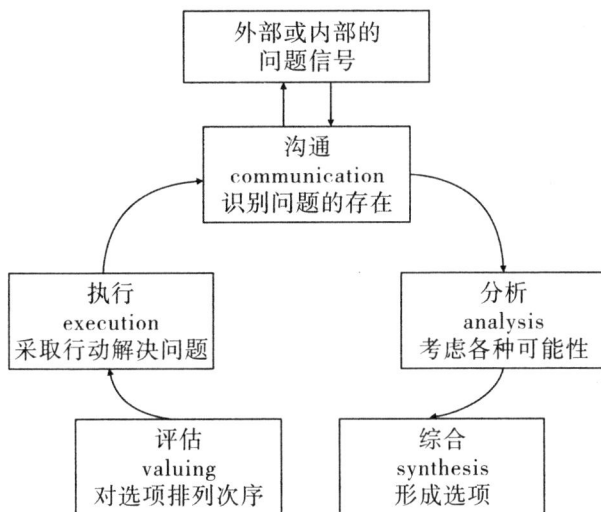

图4－2 CASVE循环图

1. 沟通：查找差距，"意识到我需要做出一个选择"

沟通，包括内部和外部的信息交流，通过交流使我们意识到职业理想和现实之间存在的巨大差距。这些信息可能通过内部或外部交流途径传达给我们。内部沟通是指个体自身的身心状态，包括情绪信号，例如不满、厌烦、焦虑和失望，还有身体信号，如昏昏欲睡、头痛、胃部疾病等。比如在毕业找工作的时候，你可能在情绪上会感受到焦虑、抑郁、受挫等情绪，在躯体上会有疲倦、头疼、消化不良等反应，这些情绪和身体状态都是一些提醒你需要进行内部交流沟通的信号。

外部沟通是指外界的一些对你产生影响的信息，比如宿舍同学开始准备简历就是给你提供了一种外部信息，你也需要开始准备找工作了；又如在求职过程中父母、老师、朋友给你提供的各种建议。通过内部和外部沟通，你意识到自己需要解决某些问题，这样的交流对开始生涯选择十分重要。沟通阶段需要回答的最基本的问题是：此刻我正在思考并感觉到的自己的职业选择是什么？

2. 分析：大量信息的收集和准备，"了解我自己和我的各种选择"

分析是通过思考、观察和研究，对兴趣、能力、价值观和人格等自我知识以及各种环境知识进行分析，从而更好地理解现存状态和理想状态之间的差距。在分析阶段需要对两方面的知识进行了解。

首先是自我知识，包含兴趣：我喜欢做什么？做什么事情的时候我最能够投入？做什么事情能让我得到享受？能力：我擅长做什么？什么事情是我能做得比别人好的？我都掌握了哪些专业知识？价值观：我看重什么？我这辈子希望达到的目标是什么？我希望工作可以带给我什么？人格：我是内向的还是外向的？我关注宏观抽象的事物还是具体细节？我倾向理性思考还是感性体验？我习惯于有条不紊还是随机应变？

其次是环境知识，每一个选择处于什么样的环境？会带来什么样的生活？需要付出什么努力？比如：对于考研来说，需要付出什么努力？花多长的时间准备？读研之后的生活是什么样的？研究生毕业之后的求职情况如何？而找工作时也需要了解每一份职业相关的信息。

在这个阶段，问题解决者需要花时间去思考、观察，研究关于自我、职业、决策及元认知的知识，从而更充分了解差距，了解自己有效地做出反应的能力。好的生涯决策者不会用冲动行事来减小在沟通阶段所体验的压力或痛苦，因为他们知道，这是无效的，甚至可能令问题恶化。他们会弄清楚，要解决这个问题我需要了解自己的哪些方面，了解环境的哪些方面，需要做些什么才能解决问题，为什么我有这样的感受，家庭会怎样看待我的选择等问题。

3. 综合：开始确定3～5个选项，"扩大并缩小我的选择清单"

综合，是根据分析阶段所得出的信息，先把选择范围扩展开来，然后再逐步缩小，最终确定3～5个最可能的选项。这一阶段主要是综合和加工上一阶段提供的信息，从而制定消除差距的行动方案。其核心任务是，通过确定我可以做什么来解决问题。

这是一个扩大并缩小选择清单的过程。

首先，尽可能多地找到消除差距的方法，发散性地思考每一种办法，甚至采用"头脑风暴"进行创造思维，查看各种可能性以发现尽可能多的解决问题的方法。然后，缩小有效方法的数量，通常缩减到 3～5 个选项，因为这是我们头脑中最有效的记忆和工作容量数目。这个先扩大后缩小的过程非常重要。

其次，通过分析阶段，我们对自我的各方面都有了很多了解，每一个方面都分别对应着很多职业，把这些职业都列出来，就会得到一个范围很广的选择列表；然后选取其中的交集，就得出了缩小的职业选择范围；接着，把最可能从事的职业限定到 3～5 个。

最后，可以问自己假如我有这 3～5 个选择，是否可以解决问题，消除现实和理想状态的差距？如果可以，就进入评估阶段选出最适合的选择，如果还是不能解决问题就需要重新回到分析阶段了解更多信息。

4．评估：选择最有可能的 1～3 个，"选择一个职业"

评估，对于综合阶段得出的 3～5 个职业进行具体的评价，评估获得该职业的可能性，以及这个选择对自身及他人的影响，从而进行排序。评估阶段将选择一个职业，找出最优选择并做出临时选择。在研究了什么选择最适合自己、环境以及那些与自己的生活关系最密切的人之后，选择可能性最大的情况。

第一步是评估每一种选择对生涯决策者和他人的影响。每一种选择都要从对自己和对他人的代价和益处两方面进行评价，并综合物质上和精神上的因素。比如，对我个人而言什么是最好的？对我生活中的其他重要人而言什么是最好的？大体上，对我所处的环境而言什么是最好的？

第二步就是对综合阶段得出的选项进行排序。能够最好地消除差距的选项排在第一位，次好的排在第二位，依此类推。此时，职业规划决策者会选出一个最佳选项，并且做出承诺去实施这一选择。

5．执行：开始执行，"实施我的选择"

执行，是整个 CASVE 的最后一部分，前面的步骤只是确定了最适合的职业，还不能带来职业选择的成功，需要在执行阶段将所有想法付诸实践。在这一阶段，需要设计一项计划来实施某一临时选择，包括培训准备（如正规教育或培训经历）、实践检验（如兼职、志愿工作等）与求职。这是实施选择的阶段，把思考转换为行动。很多人都觉得在执行阶段制定行动计划是令人兴奋和有价值的，因为他们终于可以开始采取积极行动去解决问题了。

CASVE 循环是一个不断重复的过程，在执行阶段之后，生涯决策者又回到沟通阶段，以确定沟通阶段所存在的职业问题是否得到了很好的解决，是否能最有效地消除理想与现实间的差距。依据是否需要再做出决策以及是否容易获得信息资源等，个体决定是否重新开始一次 CASVE 循环，直到职业生涯问题被解决为止。

CASVE 决策技术，无论是对解决个人职业规划问题，还是对解决团体问题都非常有用。用系统的方法思考这五个步骤，能够提供一个有用的工具，使你在生涯决策中成为一个更有效率的人。

（二）使用 CASVE 循环应该注意的问题

1. 沟通阶段应该注意的问题

在沟通阶段我们会意识到需要作出就业决定，发现现存状态和理想状态之间的差距。内部沟通可能感觉会焦虑，外部沟通可能是听到同学们的议论，或者临近毕业，这都是我们需要开始解决就业问题和制定决策的信号。虽然我们在开始改变的时候需要面对一些来自沟通的压力，但太多的压力可能会引发我们利用拖延作为应对自我挫败的策略，导致我们不进行所需要的改变。比如，父母的焦虑和劝告可能只是起到很小的激发作用，却在很大程度上会导致我们以拖延来作为防御。与此类似，辅导员经常会告诉我们很多用人单位的信息，但我们往往对这些信息反应太迟钝。一般来说，只有在恰当的时间对信息进行反应，才能为成功就业提供最好的机会。

2. 分析阶段应该注意的问题

在分析阶段，我们使用自我知识和就业选择知识来理解现存状态和理想状态之间的差距。就业的自我知识包括价值观、兴趣、技能、就业偏好和家庭条件。关于就业选择的知识包括对用人单位和招聘职位的认识，对行业、组织和各种不同风格的招聘者的洞察，对职位要求的资格证书、教育培训经历的了解。在这个阶段，我们还要考虑自己在作出重要决策时所使用的典型方法，理解自己积极和消极的想法如何影响问题解决和决策过程。我们从大量现有的关于自己的知识开始分析。分析阶段本身就是一个循环，在这个循环中，我们思考我们所知道的，然后获得信息，然后再思考我们所学到的。一般来说，对自己和就业选择的准确理解可以让我们在就业中获得优势。

3. 综合阶段应该注意的问题

在综合阶段，我们首先扩大然后缩小我们考虑的就业选择。这一阶段的目标是避免错过潜在的恰当选择，也就是要扩大和细化我们的选择；同时，要将选择的数量减少为一个足够小的列表，以免在最后选择时面对大量的信息，即要缩小和综合。扩大就业选择的两个方法是：①将我们以前考虑过的用人单位和职位列在表上；②使用信息资源来产生各种选择，比如一些出版物、网上的信息，或者从老师和同学中获得的信息。在考虑潜在的用人单位和职位时，不要忘记了，自主创业也是越来越可行的选择。

在产生一个潜在用人单位和职位的综合列表之后，我们要通过思考在分析阶段所学的知识来缩小我们的选择。对个人来说，什么是最重要的？保留那些能提供合理的机会以帮助我们缩小在就业方面现实与理想之间差距的用人单位和职位。如果在我们考虑的选择里面没有一个能提供合理的机会来缩小差距，那么我们要确认是否已经找到了足够多的潜在的用人单位和职位，或者重新考虑什么在我的职业选择中是最重要的。有些求职者这时可能又要回到沟通阶段来澄清理想和现实之间差距的本质，或者回到分析阶段了解更多涉及求职的因素。

4．评估阶段应该注意的问题

在评估阶段，我们将围绕少数几个就业选择排列先后次序，最后确定的第一选择是最符合个体要求的职位。在就业选择中，这个阶段可能会为我们的工作确定更具体的行业和组织，直至接到该组织的录用通知。对就业进行评估即判断这个职位能不能满足你的需要。评估的过程可以同时发生也可以相继发生。有时我们会在一个或多个用人单位里发现两个或更多的职位。在选择的最后阶段可能会在同一时间内有两个或更多的工作机会可供选择。我们的任务就是考虑每个职位对于我们的益处以及要付出的代价。考虑了益处和代价之后，我们会对用人单位所提供的职位进行优先排序，并最后选择接受一个合适职位。如果所有的职位都不符合要求，我们就要继续搜索潜在的更合适的就业机会。

5．执行阶段应该注意的问题

成功就业的最终结果是接受一个录用通知并开始工作。在执行阶段，我们要采取行动使自己成功就业。执行的第一步是为找工作做好准备，包括撰写个人简历、求职信和掌握面试技巧，并采取行动申请这个职位。当接收到录用通知时，要及时让用人单位知道你将会接受这个职位。如果同时还有其他的用人单位对你发出邀请，我们也应该礼貌地回复。接下来就是为过渡到新的职业而要做的准备，包括寻找新的住地、必要的工作准备等。

在完成上述五个阶段的任务之后，还要回到沟通阶段，检查内部和外部沟通是否表明最初的心理差距已经被成功消除。如果信息表明我们接受了某个职位是作出了一个恰当的选择，那么问题解决和决策制定的过程将会暂停，直到出现下一个心理差距。如果信息表明问题依然存在，即我们并不喜欢我们所接受的工作或者在试用期里没有获得成功的体验，那么CASVE循环就会回到分析阶段来更好地理解差距，考虑其他的用人单位或职位。

三、生涯平衡单

当我们发现了自己感兴趣的职业方向，也已经对几个候选的选择有了深入了解之后，我们往往会陷入无法选择的境地里——就像我们通常看见很多优秀的学生面对几份心仪的录用通知却无从选择一样——因为每个选择都很诱人。这时候怎么办呢？我们可以使用生涯平衡单来帮助我们进行决策。生涯平衡单是将所有的生涯选择与条件以量化的方式呈现，然后计算结果，而做出较佳选择的一种决定方式。

（一）生涯平衡单的形成

生涯平衡单是由詹尼斯和曼（Janis&Mann）设计的，他们将重大事件的思考方向集中到四个主题上：

（1）自我物质方面的得失。

（2）他人物质方面的得失。

（3）自我赞许与否。

（4）社会赞许与否。

在实际应用时，由于认为"自我赞许与否"和"社会赞许与否"仍显得笼统，所以生涯辅导专家金树人将最后的两项改为"自我精神方面的得失"与"他人精神方面的得失"，就是从"自我—他人"以及"物质—精神"所构成的四个范围来考虑。

一般来说，人们会在生涯平衡单中考虑这些因素：

（1）适合自己的能力。

（2）适合自己的兴趣。

（3）符合自己的价值观。

（4）满足自己的自尊心。

（5）较高的社会地位。

（6）带给家人声望。

（7）符合自己理想的生活形态。

（8）优厚的经济报酬。

（9）足够的社会资源。

（10）适合个人目前处境。

（11）择偶以建立家庭。

（12）未来具有发展性。

生涯平衡单是在决策者面临难以取舍的选择时，用量化的方式来协助其作出重大决定的工具。它可以帮助大学生具体地分析每一个可能的选择方案，考虑各种方案实施后的利弊得失，最后排定优先顺序，选择最佳方案。

（二）生涯平衡单的操作程序

生涯平衡单作为一种决策工具，通常要按标准的维度和统一的格式（见表4—4）进行操作。但在使用中需要注意，由于每个人的情况不同，其对各个选项所赋予的权重通常也会不同。所以，大多数生涯平衡单都附有类似说明：以下各项，根据对你的重要程度，在"重要性权数"栏目下按1～5打分，重要程度越高分值越高。列出你的职业选择方案，对这些选择进行得失分评估，计分范围为0～10分，将分数乘以权数，得出各个方案的加权分，协助你进行职业决策。例如，收入对我来说比较重要，我给收入赋予4分的权数，第一职业收入值达到6分，则第一职业此项加权分为24分；第二职业收入值达到4分，则第二职业加权分为16分。

使用生涯平衡单进行职业选择，通常应遵循如下操作程序。

1. 确定所有的可能选择

列出2到3个你考虑的职业。

2. 列出考虑因素或条件

从四个考察维度（自我物质方面的得失、他人物质方面的得失、自我精神方面的得失、他人精神方面的得失）列出你选择职业生涯考虑的因素。

3. 对每个考虑因素设置权重

每个因素的重要性因人、因时、因地不同，根据个人情况，按照重要性和迫切性程度设置权数，加权范围为1～5倍。

4. 根据自己的判断给分

考虑每个职业选择中这些因素的得失程度，分数的范围可以自定，如0～5分或0～10分，分数越高表示此因素越重要。把平衡单上的原始分乘以权数，分数的差距变大。

5. 计算总分，排出分数顺序

累计各项得分，并算出得失差数，得出每一职业选择的总分，作为决定的参考。

6. 根据总分及顺序做判断

排出职业选择的优先级，作出判断。比较每一种方案的综合得分，据此作出生涯决定，此决定就是用生涯平衡单所作出的综合效用最大化的决定。

表4－4　职业决策平衡单

职业决策考虑要素		重要性的权数（1～5倍）	第一职业方案（　　）		第二职业方案（　　）		第三职业方案（　　）	
			得（＋）	失（－）	得（＋）	失（－）	得（＋）	失（－）
自我精神方面的得失	1. 生活方式的改变							
	2. 成就感							
	3. 自我实现的程度							
	4. 兴趣的满足							
	5. 挑战性							
	6. 社会声望的提高							
	……							
自我物质方面的得失	1. 收入							
	2. 工作的难易程度							
	3. 升迁的机会							
	4. 工作环境的安全							
	5. 休闲的时间							
	6. 生活变化							
	7. 对健康的影响							
	8. 就业机会							
	……							
他人精神方面的得失	1. 父母							
	2. 师长							
	3. 配偶							
	……							

续表

职业决策 考虑要素		重要性的权数 （1～5 倍）	第一职业方案 （　　）		第二职业方案 （　　）		第三职业方案 （　　）	
			得 （＋）	失 （－）	得 （＋）	失 （－）	得 （＋）	失 （－）
他人 物质 方面 的得失	1. 家庭经济							
	2. 家庭地位							
	3. 与家人相处的时间							
	……							
加权后合计								
加权后得失差数								

（三）生涯平衡单的应用

（1）案例一。

基本情况：黄薇，大学时学的是会计专业，已经在某咨询公司工作两年。她不太喜欢目前的工作，准备重新进行职业规划。她对于工作的期望很矛盾，既希望工作稳定，又希望工作能有挑战性。她个性外向、活泼，各方面能力较强，独立性高。目前她考虑的三大方向是：考公务员、在国内读研究生、到国外读MBA。她分析了三种选择的优点和缺点，如表 4－5 所示。然后用生涯平衡单来帮助自己决策，如表 4－6、表 4－7 所示。经过一番考虑，黄薇的最终决定是在国内读研究生。

表 4－5　黄薇考虑的因素

考虑方向	考公务员	国内读研究生	国外读 MBA
优点	满意的工作收入 铁饭碗 工作稳定轻松，工作压力较小 一劳永逸	和国内产业发展不会脱节 能建立与师长、同学、朋友的人际关系网 较高文凭 日后工作升迁较容易	圆一个国外留学的梦 增长见闻，丰富人生 英语能力提高，训练独立 日后工作升迁较容易 激发潜力 旅游

续表

考虑方向	考公务员	国内读研究生	国外读 MBA
缺点	铁饭碗会生锈，容易产生厌倦 不易升迁 不容易转行，无法想象自己会做一辈子公务员 不符合自己的个性	课业压力大 没有收入	课业压力大 语言、文化较不适应 花费较大（一年可能需要几十万） 挑战较大 没有收入
其他	父母支持	男朋友的期望（男朋友也是研究生并已工作）	工作两年有积蓄，但不是很足够 自己一直想到国外走走

表 4－6　黄薇的生涯平衡单（原始分）

职业决策 考虑要素		重要性的权数 （1～5 倍）	第一职业方案 （考公务员）		第二职业方案 （国内读研）		第三职业方案 （出国留学）	
			得 （＋）	失 （－）	得 （＋）	失 （－）	得 （＋）	失 （－）
自我精神方面的得失	1. 适合自己的能力	5		－4	5		6	
	2. 适合自己的兴趣	2		－3	4		8	
	3. 符合自己的价值观	4	5		3		7	
	4. 满足自己的自尊心	2		－2	3		7	

续表

职业决策 考虑要素		重要性的权数 （1～5 倍）	第一职业方案 （考公务员）		第二职业方案 （国内读研）		第三职业方案 （出国留学）	
			得 （＋）	失 （－）	得 （＋）	失 （－）	得 （＋）	失 （－）
自我物质方面的得失	1. 较高的社会地位	3		5	3		6	
	2. 符合自己理想的生活形态	5	3		5			－3
	3. 优厚的经济报酬	3	7			－1		－8
	4. 足够的社会资源	2	2		8			－1
	5. 适合个人目前处境	5	5		2		1	
	6. 未来有发展性	3		－5	5		8	
他人精神方面的得失	1. 有利于择偶与建立家庭	4	7		5			－5
他人物质方面的得失	1. 带给家人声望	2	2		1		2	
合计			31	－19	44	－1	45	－17
差数			12		43		28	

表4-7 黄薇的生涯平衡单（加权后得分）

职业决策 考虑要素		重要性的权数 （1～5倍）	第一职业方案 （考公务员）		第二职业方案 （国内读研）		第三职业方案 （出国留学）	
			得 （＋）	失 （－）	得 （＋）	失 （－）	得 （＋）	失 （－）
自我精神方面的得失	1. 适合自己的能力	5		－20	25		30	
	2. 适合自己的兴趣	2		－6	8		16	
	3. 符合自己的价值观	4	20		12		28	
	4. 满足自己的自尊心	2		－4	6		14	
自我物质方面的得失	1. 较高的社会地位	3		－15	9		18	
	2. 符合自己理想的生活形态	5	15		25			－15
	3. 优厚的经济报酬	3	21			－3		－24
	4. 足够的社会资源	2	4		16			－2
	5. 适合个人目前处境	5	25		10		5	
	6. 未来有发展性	3		－5	5		8	
他人精神方面的得失	1. 有利于择偶与建立家庭	4	28		20			－20

职业决策 考虑要素		重要性的权数 （1～5倍）	第一职业方案 （考公务员）		第二职业方案 （国内读研）		第三职业方案 （出国留学）	
			得 （＋）	失 （－）	得 （＋）	失 （－）	得 （＋）	失 （－）
他人物质方面的得失	1. 带给家人声望	2	2	4		2		4
合计			117	－60	148	－3	139	－61
差数			57		145		78	

（2）案例二。

高三学生选择填报大学志愿时也可以用平衡单进行决策，如表4－8所示。

表4－8　高三选填志愿决策平衡单

考虑要素 （自行增修考 虑因素）	权数 （1～5分）	1. A校系		2. B校系		3. C校系	
		原始分数 （1～10分）	加权分数	原始分数 （1～10分）	加权分数	原始分数 （1～10分）	加权分数
1. 学校级别	5	9	45	8	40	7	35
2. 就业情况	5	9	45	3	15	2	10
3. 热门院系	4	5	20	8	32	7	28
4. 学科实力	3	9	27	8	24	7	21
5. 符合兴趣	4	9	36	6	24	7	28
6. 学科能力	4	4	16	8	32	8	32
7. 父母期望	2	9	18	8	16	7	14
……							
加权总分							

参考文献

[1] 徐觅，陶建国. 大学生职业生涯规划［M］. 北京：北京航空航天大学出版社，2009.

[2] 刘清亮，陈玲，王吉祥. 就业指导与职业规划［M］. 北京：人民邮电出版社，2009.

[3] 祁金利，韩威，肖克奇. 大学生就业与创业指导［M］. 西安：世界图书出版公司，2011.

[4] 周卫泽，冯静. 大学生就业与创业实用教程［M］. 沈阳：辽宁教育出版社，2011.

[5] 申永东. 大学生就业指导教程［M］. 广州：华南理工大学出版社，2007.

[6] 张金明，蒲文慧，陆时莉. 大学生心理健康教育［M］. 北京：北京邮电大学出版社，2011.

[7] 桦君. 成功求职 22 条黄金法则［M］. 北京：中国纺织出版社，2003.

[8] 沈之菲. 生涯心理辅导［M］. 上海：上海教育出版社，2000.

[9] 王希永，李晓珍. 大学生生涯设计与发展［M］. 广州：中山大学出版社，2001.

[10] 边慧敏. 大学生职业生涯规划［M］. 成都：西南财经大学出版社，2007.

[11] 张再生. 职业生涯规划［M］. 天津：天津大学出版社，2007.

[12] （美）Robert D. Lock. 把握你的职业发展方向［M］. 北京：中国轻工业出版社，2006.

[13] 曾美英，窦秀明. 大学生职业生涯规划与辅导［M］ 北京：北京航空航天大学出版社，2008.

[14] 姚颖超. 大学生职业生涯规划［M］. 北京：北京航空航天大学出版社，2010.

[15] 方伟. 大学生职业生涯发展规划［M］. 北京：世界图书出版社，2011.

附

录

附　录

附录 1：教育部办公厅关于印发
《普通高等学校大学生心理健康教育工作实施纲要（试行）》的
通知

教社政厅〔2002〕3号

为贯彻落实《中共中央国务院关于深化教育改革全面推进素质教育的决定》精神，进一步加强对全国普通高等学校大学生心理健康教育工作的领导和指导，根据《教育部关于加强普通高等学校大学生心理健康教育工作的意见》（教社政〔2001〕1号），特制定本实施纲要。

一、高等学校大学生心理健康教育工作的指导思想和主要任务

1. 全面贯彻党的教育方针，以全面推进素质教育为目标，以提高大学生的心理素质为重点，促进学生全面发展和健康成长。推进高等学校大学生心理健康教育工作，要坚持重在建设、立足教育的方针。根据素质教育的基本要求，加强大学生心理健康教育的理论建设、制度建设、师资队伍建设和教育教学研究；坚持面向全体学生，坚持正面教育，根据学生身心发展特点和教育规律，提高大学生适应社会生活的能力，培养大学生良好的个性心理品质，促进大学生心理素质与思想道德素质、科学文化素质和身体素质的协调发展，增强高等学校德育工作的时代感以及针对性、实效性和主动性。推进高等学校大学生心理健康教育工作，要坚持以辩证唯物主义和历史唯物主义为指导，坚持科学性原则，防止唯心主义、封建迷信和伪科学的干扰，确保大学生心理健康教育工作的正确方向。

2. 普通高等学校大学生心理健康教育工作的主要任务是：根据大学生的心理特点，有针对性地讲授心理健康知识，开展辅导或咨询活动，帮助大学生树立心理健康意识，优化心理品质，增强心理调适能力和社会生活的适应能力，预防和缓解心理问题。帮助他们处理好环境适应、自我管理、学习成才、人际交往、交友恋爱、求职择业、人格发展和情绪调节等方面的困惑，提高健康水平，促进德智体美等方面全面发展。

二、高等学校大学生心理健康教育工作的主要内容

3. 宣传普及心理科学基础知识，使学生认识自身的心理活动与个性特点；宣传普及心理健康知识，使大学生认识到心理健康的重要作用，特别是心理健康对成才的重要意义，树立心理健康意识。

4. 培训心理调适的技能，提供维护心理健康和提高心理素质的方法，使大学生学会自我心理调适，有效消除心理困惑，及时调节负性情绪；使大学生养成良好的学习习惯，掌握科学、有效的学习方法，提高学习能力，自觉地开发智力潜能，培养创新精神和实践能力；使大学生树立积极的交往态度，掌握人际沟通的方法，学会协调人际关系，增强适应社会生活的能力；使大学生自觉培养坚韧不拔的意志品质和艰苦奋斗的精神，提高承受和应对挫折的能力。

5. 认识与识别心理异常现象，使大学生了解常见心理问题的表现、类型及其成因，初步掌握心理保健常识，以科学的态度对待各种心理问题。

6. 根据大学生活不同阶段以及各层次、各学科门类学生、特殊群体学生的心理特点，有针对性地实施心理健康教育。新生心理健康教育重点放在适应新环境等内容上，帮助他们尽快完成从中学到大学的转变与适应；二、三年级学生心理健康教育要以帮助他们了解心理科学基础知识、初步掌握心理调适技能以及处理好学习成才、人际交往、交友恋爱、人格发展等方面的困惑为重点；对于毕业生，要配合就业指导工作，帮助他们正确认识职业特点，客观分析自我职业倾向，做好就业心理准备。在日常的学习、生活中，要针对大学生普遍存在的、较为集中的心理问题安排专题教育。要特别重视经济困难学生等特殊群体学生的心理健康教育工作。

三、高等学校大学生心理健康教育工作的途径和方法

7. 大学生心理健康教育工作是一项系统工程。要以课堂教学、课外教育指导为主要渠道和基本环节，形成课内与课外、教育与指导、咨询与自助紧密结合的心理健康教育的网络和体系。

8. 按照中宣部、教育部《关于印发〈关于普通高等学校"两课"课程设置的规定及其实施工作的意见〉的通知》（教社科〔1998〕6号）以及《中国普通高等学校德育大纲(试行)》《思想道德修养教学大纲》的要求，在思想道德修养课中，科学安排有关心理健康教育的内容。各高等学校应创造条件，为大学生开设心理健康教育的课程或专题讲座、报告等。

9. 高等学校的教职员工，特别是教师要树立心理健康教育意识，科学实施教育教学工作。班主任、政治辅导员不仅要在日常思想政治教育中发挥作用，也要在增进大学生心理健康，提高大学生心理素质中发挥积极作用。

10. 重视开展大学生心理辅导或咨询工作。各高等学校要积极创造条件建立心理健康教育工作体系，开展经常性的心理辅导或咨询工作。心理辅导或咨询工作要以发展性辅导或咨询为主，面向全校学生，通过个别面询、团体辅导活动、心理行为训练、书信咨询、电话咨询、网络咨询等多种形式，有针对性地向大学生提供经常、及时、有效的心理健康指导与服务。辅导或咨询机构要科学地把握高等学校大学生心理健康教育工作的任务和内容，严格区分心理辅导或咨询中心与专业精神卫生机构所承担工作的性质、任务。在心理辅导或咨询中发现严重心理障碍和心理疾病的学生，要将他们及时转介到专业卫生机构治疗。

11. 积极创造条件，运用具有较高信度与效度、适合我国国情的心理评估工具，为实现大学生心理问题的早期发现、及时干预和跟踪服务提供参考，提高大学生心理健康教育工作的科学性和针对性。

12. 充分利用高等学校广播、电视、计算机网络、校刊、校报、橱窗、板报等宣传媒体，多渠道、多形式地正面宣传、普及心理健康知识。要加强校园文化建设，营造积极、健康、高雅的氛围，陶冶大学生高尚的情操，增强学生相互关怀与支持的意识。

13. 大力开展有益于提高大学生心理健康的第二课堂活动。高等学校要积极支持大学生成立心理健康教育方面的社团，通过举办生动活泼、丰富多彩的活动，强化学生的自觉参与意识，提高广大学生学习心理健康知识的兴趣，加深对心理知识的理解，解决一些在学习、生活中产生的心理困扰，达到自助与助人的目的。开展第二课堂活动，要配备专门的指导教师，以正面教育引导为主。

四、高等学校大学生心理健康教育工作的领导、管理以及师资队伍建设

14. 教育部对全国普通高等学校大学生心理健康教育工作实施统一领导，统筹规划。组织国内心理科学专家、学者，以及大学生心理健康教育实际工作者对大学生心理健康教育工作进行研究、咨询、评价和指导；组织编写师资培训使用的正式教材和大学生心理健康教育科普读物；组织开展全国普通高等学校大学生心理健康教育师资培训工作。大学生心理健康教育工作是高等学校德育工作的重要组成部分。各地教育工作部门和各高等学校，要切实加强对大学生心理健康教育工作的领导，把心理健康教育工作纳入学校德育工作管理体系中，积极支持开展大学生心理健康教育工作，帮助解决工作中的困难和问题。各高等学校要成立大学生心理健康教育工作领导小组，由主管学生德育工作的党委副书记或副校长任组长，并明确职能部门具体负责协调和组织全校心理健康教育的教学、科研以及辅导或咨询工作。各高等学校应进一步完善或健全心理健康教育的工作体制和体系，充分利用有关资源和条件并积极创造条件开展工作，保证经费投入，为开展工作提供必要条件。

15. 要通过专、兼、聘等多种形式，建设一支以专职教师为骨干，专兼结合、专业互补、相对稳定、素质较高的高等学校大学生心理健康教育工作队伍。专职从事大学生心理健康教育工作的教师要少量、精干，数量可根据实际需要自行确定，编制可从学校总编制或专职学生思想政治工作编制中统筹解决，原则上应纳入学生思想政治工作队伍管理序列，评聘相应的教师职务。设有教育学、心理学教学机构的高等学校，也可纳入相应专业队伍管理序列。兼职教师和心理辅导或咨询人员，按学校有关规定计算工作量或给予报酬。

16. 大学生心理健康教育是一项专业性强、要求高的工作，从事这项工作的教师必须经过系统培训，恪守职业道德，不断提高专业水平。建立全国高校大学生心理健康教育教师培训中心，积极开展对从事大学生心理健康教育工作的专、兼职教师的业务培训，培训工作列入学校师资培训计划。培训内容包括职业道德、理论知识学习、操作技能训练、案例分析和实习督导等。要通过培训，不断提高他们从事大学生心理健康教育工作的职业道德以及所必备的基本理论、专业知识和技能水平。培训工作应规范化，坚持长期分类进行。对于通过培训达到上岗要求者，由教育部认定的有关承训机构颁发资格证书，逐步做到持证上岗。此外，还要重视对班主任、政治辅导员以及其他从事学生思想政治工作的干部、教师进行有关心理健康方面的业务培训。

17. 组织开展普通高等学校大学生心理健康教育的督导工作。为了使大学生心理健康教育工作健康发展、落到实处，教育部将组织研究制定大学生心理健康教育工作的评价与督导指标体系，组织或委托国内心理科学的专家、学者以及大学生心理健康教育实际工作者对各地、各高等学校开展大学生心理健康教育工作的情况进行督导。督导内容包括学校重视和支持程度，机构设置，师资队伍建设，教学、科研和开展辅导或咨询的情况以及工作的实效等。

18. 教育部将进一步研究制定加强普通高等学校大学生心理健康教育工作的有关政策，组织开展大学生心理健康教育工作的课题研究和工作、学术交流。各地教育工作部门和各高等学校要结合本地、本校的实际情况，制定明确的政策并予以必要的保证，切实做到领导责任落实、机构设置落实、队伍建设落实、制度建设落实、工作场地落实、经费投入落实，努力把大学生心理健康教育工作提高到一个新水平。

附录 2：中华人民共和国国民经济和社会发展第十四个五年规划和 2035 年远景目标纲要（节选）

第二篇　坚持创新驱动发展　全面塑造发展新优势

坚持创新在我国现代化建设全局中的核心地位，把科技自立自强作为国家发展的战略支撑，面向世界科技前沿、面向经济主战场、面向国家重大需求、面向人民生命健康，深入实施科教兴国战略、人才强国战略、创新驱动发展战略，完善国家创新体系，加快建设科技强国。

第四章　强化国家战略科技力量

制定科技强国行动纲要，健全社会主义市场经济条件下新型举国体制，打好关键核心技术攻坚战，提高创新链整体效能。

第一节　整合优化科技资源配置

以国家战略性需求为导向推进创新体系优化组合，加快构建以国家实验室为引领的战略科技力量。聚焦量子信息、光子与微纳电子、网络通信、人工智能、生物医药、现代能源系统等重大创新领域组建一批国家实验室，重组国家重点实验室，形成结构合理、运行高效的实验室体系。优化提升国家工程研究中心、国家技术创新中心等创新基地。推进科研院所、高等院校和企业科研力量优化配置和资源共享。支持发展新型研究型大学、新型研发机构等新型创新主体，推动投入主体多元化、管理制度现代化、运行机制市场化、用人机制灵活化。

第二节　加强原创性引领性科技攻关

在事关国家安全和发展全局的基础核心领域，制定实施战略性科学计划和科学工程。瞄准人工智能、量子信息、集成电路、生命健康、脑科学、生物育种、空天科技、深地深海等前沿领域，实施一批具有前瞻性、战略性的国家重大科技项目。从国家急迫需要和长远需求出发，集中优势资源攻关新发突发传染病和生物安全风险防控、医药和医疗设备、关键元器件零部件和基础材料、油气勘探开发等领域关键核心技术。

第三节　持之以恒加强基础研究

强化应用研究带动，鼓励自由探索，制定实施基础研究十年行动方案，重点布局一批基础学科研究中心。加大基础研究财政投入力度、优化支出结构，对企业投入基础研究实行税收优惠，鼓励社会以捐赠和建立基金等方式多渠道投入，形成持续稳定投入机制，基础研究经费投入占研发经费投入比重提高到8%以上。建立健全符合科学规律的评价体系和激励机制，对基础研究探索实行长周期评价，创造有利于基础研究的良好科研生态。

第四节　建设重大科技创新平台

支持北京、上海、粤港澳大湾区形成国际科技创新中心，建设北京怀柔、上海张江、大湾区、安徽合肥综合性国家科学中心，支持有条件的地方建设区域科技创新中心。强化国家自主创新示范区、高新技术产业开发区、经济技术开发区等创新功能。适度超前布局国家重大科技基础设施，提高共享水平和使用效率。集约化建设自然科技资源库、国家野外科学观测研究站(网)和科学大数据中心。加强高端科研仪器设备研发制造。构建国家科研论文和科技信息高端交流平台。

第五章　提升企业技术创新能力

完善技术创新市场导向机制，强化企业创新主体地位，促进各类创新要素向企业集聚，形成以企业为主体、市场为导向、产学研用深度融合的技术创新体系。

第一节　激励企业加大研发投入

实施更大力度的研发费用加计扣除、高新技术企业税收优惠等普惠性政策。拓展优化首台(套)重大技术装备保险补偿和激励政策，发挥重大工程牵引示范作用，运用政府采购政策支持创新产品和服务。通过完善标准、质量和竞争规制等措施，增强企业创新动力。健全鼓励国有企业研发的考核制度，设立独立核算、免于增值保值考核、容错纠错的研发准备金制度，确保中央国有工业企业研发支出年增长率明显超过全国平均水平。完善激励科技型中小企业创新的税收优惠政策。

第二节　支持产业共性基础技术研发

集中力量整合提升一批关键共性技术平台，支持行业龙头企业联合高等院校、科研院所和行业上下游企业共建国家产业创新中心，承担国家重大科技项目。支持有条件企业联合转制科研院所组建行业研究院，提供公益性共性技术服务。打造新型共性技术平台，解决跨行业跨领域关键共性技术问题。发挥大企业引领支撑作用，支持创新型中小微企业成长为创新重要发源地，推动产业链上中下游、大中小企业融通创新。鼓励有条件地方依托产业集群创办混合所有制产业技术研究院，服务区域关键共性技术研发。

第三节　完善企业创新服务体系

推动国家科研平台、科技报告、科研数据进一步向企业开放，创新科技成果转化机制，鼓励将符合条件的由财政资金支持形成的科技成果许可给中小企业使用。推进创新创业机构改革，建设专业化市场化技术转移机构和技术经理人队伍。完善金融支持创新体系，鼓励金融机构发展知识产权质押融资、科技保险等科技金融产品，开展科技成果转化贷款风险补偿试点。畅通科技型企业国内上市融资渠道，增强科创板"硬科技"特色，提升创业板服务成长型创新创业企业功能，鼓励发展天使投资、创业投资，更好发挥创业投资引导基金和私募股权基金作用。

第六章　激发人才创新活力

贯彻尊重劳动、尊重知识、尊重人才、尊重创造方针，深化人才发展体制机制改革，全方位培养、引进、用好人才，充分发挥人才第一资源的作用。

第一节　培养造就高水平人才队伍

遵循人才成长规律和科研活动规律，培养造就更多国际一流的战略科技人才、科技领军人才和创新团队，培养具有国际竞争力的青年科技人才后备军，注重依托重大科技任务和重大创新基地培养发现人才，支持设立博士后创新岗位。加强创新型、应用型、技能型人才培养，实施知识更新工程、技能提升行动，壮大高水平工程师和高技能人才队伍。加强基础学科拔尖学生培养，建设数理化生等基础学科基地和前沿科学中心。实行更加开放的人才政策，构筑集聚国内外优秀人才的科研创新高地。完善外籍高端人才和专业人才来华工作、科研、交流的停居留政策，完善外国人在华永久居留制度，探索建立技术移民制度。健全薪酬福利、子女教育、社会保障、税收优惠等制度，为海外科学家在华工作提供具有国际竞争力和吸引力的环境。

第二节　激励人才更好发挥作用

完善人才评价和激励机制，健全以创新能力、质量、实效、贡献为导向的科技人才评价体系，构建充分体现知识、技术等创新要素价值的收益分配机制。选好用好领军人才和拔尖人才，赋予更大技术路线决定权和经费使用权。全方位为科研人员松绑，拓展科研管理"绿色通道"。实行以增加知识价值为导向的分配政策，完善科研人员职务发明成果权益分享机制，探索赋予科研人员职务科技成果所有权或长期使用权，提高科研人员收益分享比例。深化院士制度改革。

第三节　优化创新创业创造生态

大力弘扬新时代科学家精神，强化科研诚信建设，健全科技伦理体系。依法保护企业家的财产权和创新收益，发挥企业家在把握创新方向、凝聚人才、筹措资金等方面重要作用。推进创新创业创造向纵深发展，优化双创示范基地建设布局。倡导敬业、精益、专注、宽容失败的创新创业文化，完善试错容错纠错机制。弘扬科学精神和工匠精神，广泛开展科学普及活动，加强青少年科学兴趣引导和培养，形成热爱科学、崇尚创新的社会氛围，提高全民科学素质。

第七章　完善科技创新体制机制

深入推进科技体制改革，完善国家科技治理体系，优化国家科技计划体系和运行机制，推动重点领域项目、基地、人才、资金一体化配置。

第一节　深化科技管理体制改革

加快科技管理职能转变，强化规划政策引导和创新环境营造，减少分钱分物定项目等直接干预。整合财政科研投入体制，重点投向战略性关键性领域，改变部门分割、小而散的状态。改革重大科技项目立项和组织管理方式，给予科研单位和科研人员更多自主权，推行技术总师负责制，实行"揭榜挂帅""赛马"等制度，健全奖补结合的资金支持机制。健全科技评价机制，完善自由探索型和任务导向型科技项目分类评价制度，建立非共识科技项目的评价机制，优化科技奖励项目。建立健全科研机构现代院所制度，支持科研事业单位试行更灵活的编制、岗位、薪酬等管理制度。建立健全高等院校、科研机构、企业间创新资源自由有序流动机制。深入推进全面创新改革试验。

第二节　健全知识产权保护运用体制

实施知识产权强国战略，实行严格的知识产权保护制度，完善知识产权相关法律法规，加快新领域新业态知识产权立法。加强知识产权司法保护和行政执法，健全仲裁、调解、公证和维权援助体系，健全知识产权侵权惩罚性赔偿制度，加大损害赔偿力度。优化专利资助奖励政策和考核评价机制，更好保护和激励高价值专利，培育专利密集型产业。改革国有知识产权归属和权益分配机制，扩大科研机构和高等院校知识产权处置自主权。完善无形资产评估制度，形成激励与监管相协调的管理机制。构建知识产权保护运用公共服务平台。

第三节　积极促进科技开放合作

实施更加开放包容、互惠共享的国际科技合作战略，更加主动融入全球创新网络。务实推进全球疫情防控和公共卫生等领域国际科技合作，聚焦气候变化、人类健康等问题加强同各国科研人员联合研发。主动设计和牵头发起国际大科学计划和大科学工程，发挥科学基金独特作用。加大国家科技计划对外开放力度，启动一批重大科技合作项目，研究设立面向全球的科学研究基金，实施科学家交流计划。支持在我国境内设立国际科技组织、外籍科学家在我国科技学术组织任职。